川派中医药名家系列丛书

廖蒉阶

主编 ◎ 张朝德

西南交通大学出版社
·成都·

图书在版编目（CIP）数据

川派中医药名家系列丛书. 廖蓂阶 / 张朝德主编.
成都：西南交通大学出版社，2024.8. -- ISBN 978-7
-5774-0047-1

Ⅰ. K826.2；R249.7

中国国家版本馆 CIP 数据核字第 2024BA4303 号

Chuanpai Zhongyiyao Mingjia Xilie Congshu　　Liao Mingjie
川派中医药名家系列丛书　　廖蓂阶

主编 / 张朝德

策划编辑 / 黄淑文　李芳芳　张少华
责任编辑 / 吴　迪
助理编辑 / 李奕青
封面设计 / 原谋书装

西南交通大学出版社出版发行
（四川省成都市金牛区二环路北一段 111 号西南交通大学创新大厦 21 楼　610031）
营销部电话：028-87600564　　028-87600533
网址：http://www.xnjdcbs.com
印刷：四川煤田地质制图印务有限责任公司

成品尺寸　170 mm×240 mm
印张　11.25　　插页　4
字数　171 千
版次　2024 年 8 月第 1 版　　印次　2024 年 8 月第 1 次

书号　ISBN 978-7-5774-0047-1
定价　55.00 元

图书如有印装质量问题　本社负责退换
版权所有　盗版必究　举报电话：028-87600562

1961年10月，廖莫阶先生（左二）胸配银质奖章，应邀赴京参加国庆观礼期间，与其门生、我国著名中医儿科专家王伯岳先生（右一）合影

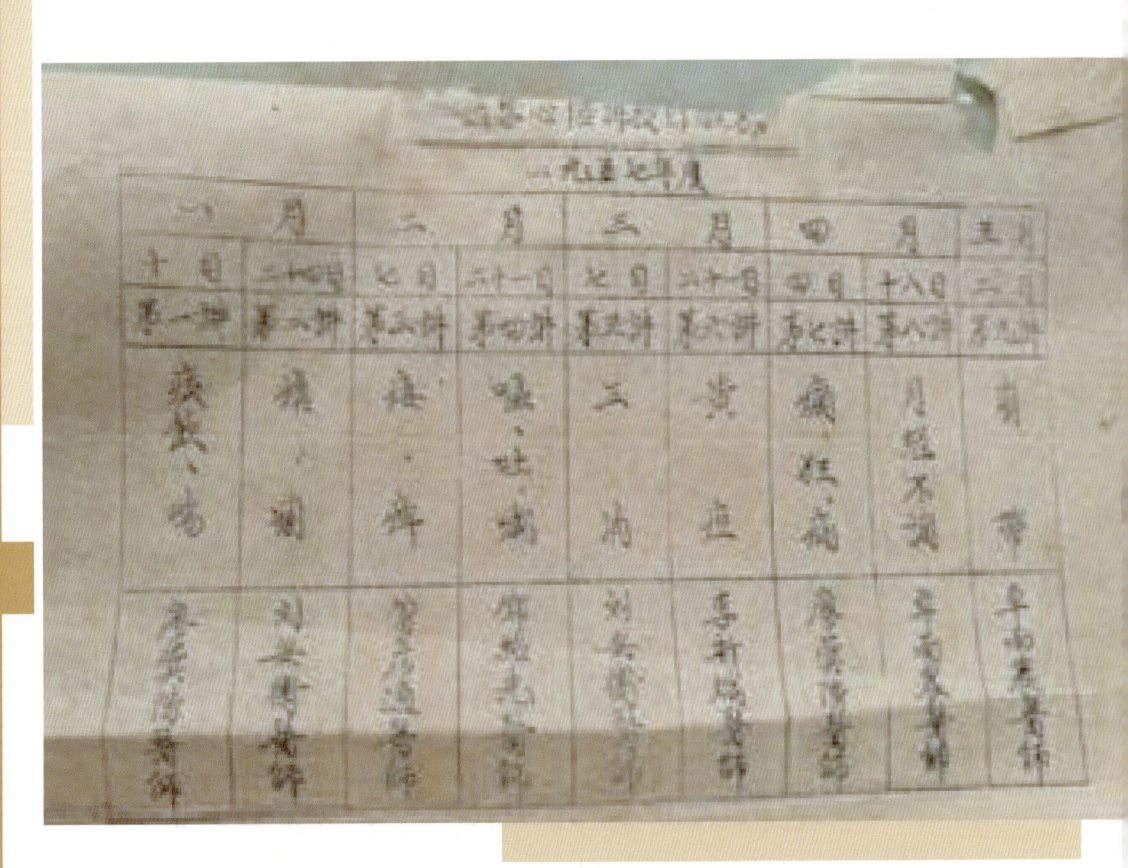

成都市卫生系统举办中医讲座时送交廖蓂阶先生的讲授日程表图影

廖冀阶（1889—1975）

廖冀阶先生在家中撰写书稿

廖莫阶先生编写《张氏方歌》手迹　　廖莫阶先生编著《时病纲要》手迹

廖莫阶先生在铁路中心医院为病人切脉

编 委 会

《川派中医药名家系列丛书》编委会

总 主 编：田兴军　杨殿兴

副总主编：李道丕　张　毅　和中浚

总 编 委：尹　莉　陈　莹

编写秘书：彭　鑫　贺　飞　邓　兰

《廖蓂阶》编委会

主　　编：张朝德

副 主 编：孟　君　彭成华

编　　委：王晓培　何　隆　保卫东
　　　　　徐　成　姚德蛟　赵梦涵

总序——加强文化建设，唱响川派中医

四川，雄踞我国西南，古称巴蜀，成都平原自古就有天府之国的美誉，天府之土，沃野千里，物华天宝，人杰地灵。

四川号称"中医之乡、中药之库"，巴蜀自古出名医、产中药，据历史文献记载，从汉代至明清，见诸文献记载的四川医家有1000余人，川派中医药影响医坛2000多年，历久弥新；川产道地药材享誉国内外，业内素有"无川（药）不成方"的赞誉。

医派纷呈，源远流长

经过特殊的自然、社会、文化的长期浸润和积淀，四川历朝历代名医辈出，学术繁荣，医派纷呈，源远流长。

汉代以涪翁、程高、郭玉为代表的四川医家，奠定了古蜀针灸学派，郭玉为涪翁弟子，曾任汉代太医丞。涪翁为四川绵阳人，曾撰著《针经》，开巴蜀针灸先河，影响深远。1993年，在四川绵阳双包山汉墓出土了最早的汉代针灸经脉漆人；2013年，在成都老官山再次出土了汉代针灸漆人和920支医简，带有"心""肺"等线刻小字的人体经穴髹漆人像是我国考古史上首次发现，应是迄今我国发现的最早、最完整的经穴人体医学模型，其精美程度令人咋舌！又一次证明了针灸学派在巴蜀的渊源和影响。

四川山清水秀，名山大川遍布。道教的发祥地青城山、鹤鸣山就坐落在成都市。青城山、鹤鸣山是中国的道教名山，是中国道教的发源地之一，自东汉以来历经2000多年，不仅传授道家的思想，道医的学术思想也因此启蒙产生。道家注重炼丹和养生，历代蜀医多受其影响，一些道家也兼行医术，如晋代蜀医李常在、李八百，宋代皇甫坦，以及明代著名医家韩懋（号飞霞道人）等，可见丹道医学在四川影响深远。

川人好美食，以麻、辣、鲜、香为特色的川菜享誉国内外。川人性喜自在休闲，养生学派也因此产生。长寿之神——彭祖，号称活了800岁，相传他经历了尧舜夏商诸朝，据《华阳国志》载，"彭祖本生蜀""彭祖家其彭蒙"，由此推断，彭祖不但家在彭山，而且他晚年也落叶归根于此，死后葬于彭祖山。彭祖山坐落在成都彭山县，彭祖的长寿经验在于注意养生锻炼，他是我国气功的最早创始人，他的健身法被后人写成《彭祖引导法》；他善烹饪之术，创制的"雉羹之道"被誉为"天下第一羹"，屈原在《楚辞·天问》中写道："彭铿斟雉，帝何飨？受寿永多，夫何久长？"反映了彭祖在推动我国饮食养生方面所做出的贡献。五代、北宋初年，著名的道教学者陈希夷，是四川安岳人，著有《指玄篇》《胎息诀》《观空篇》《阴真君还丹歌注》等。他注重养生，强调内丹修炼法，将黄老的清静无为思想、道教修炼方术和儒家修养、佛教禅观汇归一流，被后世尊称为"睡仙""陈抟老祖"。现安岳县有保存完整的明代陈抟墓，有陈抟的《自赞铭》，这是全国独有的实物。

四川医家自古就重视中医脉学，成都老官山2012年冬出土的汉代医简中就有《逆顺五色脉臧验精神》一书，其余几部医简经整理定名为《脉书·上经》《脉书·下经》《刺数》《𤻣理》《治六十病和齐汤法》《疗马书》。学者经初步考证推断极有可能为扁鹊学派已经亡佚的经典书籍。扁鹊是脉学的倡导者，而此次出土的医书中脉学内容占有重要地位，一起出土的还有用于经脉教学的人体模型。唐代杜光庭著有脉学专著《玉函经》三卷，以后王鸿骥的《脉诀采真》、廖平的《脉学辑要评》、许宗正的《脉学启蒙》、张骥的《三世脉法》等，均为脉诊的发展做出了贡献。

昝殷，唐代四川成都人。昝氏精通医理，通晓药物学，擅长妇产科。唐大中年间，他将前人有关经、带、胎、产及产后诸证的经验效方及自己临证验方共378首，编成《经效产宝》三卷，是我国最早的妇产学科专著。加之北宋时期的著名妇产科专家杨子建（四川青神县人）编著的《十产论》等一批妇产科专论，奠定了巴蜀妇产学派的基石。

宋代，以四川成都人唐慎微为代表撰著的《经史证类备急本草》，集宋代本草之大成，促进了本草学派的发展。宋代是巴蜀本草学派的繁荣发展时期，陈承的《补注神农本草并图经》，孟昶、韩保昇的《蜀本草》等，丰富、发展了本草学说，明代李时珍的《本草纲目》正是在此基础上产生的。

宋代也是巴蜀医家学术发展最活跃的时期。四川成都人、著名医家史崧献出了家藏的《灵枢》，校正并音释，定名为《黄帝素问灵枢经》并由朝廷刊印颁行，为中医学发展做出了不可估量的贡献，可以说，没有史崧的奉献就没有完整的《黄帝内经》。虞庶撰著的《难经注》、杨康侯的《难经续演》，为医经学派的发展奠定了基础。

史堪，四川眉山人，为宋代政和年间进士，官至郡守，是宋代士人而医的代表人物之一，与当时的名医许叔微齐名，其著作《史载之方》为宋代重要的名家方书之一。同为四川眉山人的宋代大文豪苏东坡，也有《苏沈内翰良方》（又名《苏沈良方》）传世，是宋人根据苏轼所撰《苏学士方》和沈括所撰《良方》合编而成的中医方书。加之明代韩懋的《韩氏医通》等方书，一起成为巴蜀医方学派的代表。

四川盛产中药，川产道地药材久负盛名，以回阳救逆、破阴除寒的附子为代表的川产道地药材，既为中医治病提供了优良的药材，也孕育了以附子温阳为大法的扶阳学派。清末四川邛崃人郑钦安提出了中医扶阳理论，他的《医理真传》《医法圆通》《伤寒恒论》为奠基之作，开创了以运用附、姜、桂为重点药物的温阳学派。

清代西学东渐，受西学影响，中西汇通学说开始萌芽，四川成都人唐宗海以敏锐的目光捕捉西学之长，融汇中西，撰著了《血证论》《医经精义》《本草问答》《金匮要略浅注补正》《伤寒论浅注补正》，后人汇为《中西汇通医书五种》，成为"中西汇通"的第一种著作，也是后来人们将主张中西医兼容思想的医家称为"中西医汇通派"的由来。

名医辈出，学术繁荣

新中国成立后，历经沧桑的中医药受到党和国家的高度重视，在教育、医疗、科研等方面齐头并进，一大批中医药大家焕发青春，在各自的领域里大显神通，中医药事业欣欣向荣。

四川中医教育的奠基人——李斯炽先生，在1936年创办的"中央国医馆四川分馆医学院"（简称"四川国医学院"）中，先后担任过副院长、院长，担当大任，艰难办学，为近现代中医药人才的培养立下了汗马功劳。该院为国家批准的办学机构，虽属民办但带有官方性质。四川国医学院也是成都中医学院（现成都中医药大学）的前身，当时汇集了一大批中医药的仁人志士，如内科专家李斯炽、伤寒专家邓绍先、中药专家凌一揆等，还有何伯勋、杨白鹿、易上达、王景虞、周禹锡、肖达因等一批蜀中名医，可谓群贤毕集，盛极一时。共招生13期，培养高等中医药人才1000余人，这些人后来大多数都成为新中国成立后的中医药领军人物，成了四川中医药发展的功臣。

1955年国家在北京成立了中医研究院，1956年在全国西、北、东、南各建立了一所中医学院，即成都、北京、上海、广州中医学院。成都中医学院第一任院长由周恩来总理亲自任命。李斯炽先生继担任四川国医学院院长之后又成为成都中医学院的第一任院长。成都中医学院成立后，在原国医学院的基础上，又汇集了一大批有造诣的专家学者，如内科专家彭履祥、冉品珍、彭宪章、傅灿冰、陆干甫，伤寒专家戴佛延，医经专家吴棹仙、李克光、郭仲夫，中药专家雷载权、徐楚江，妇科专家卓雨农、曾敬光、唐伯渊、王祚久、王渭川，温病专家宋鹭冰，外科专家文琢之，骨、外科专家罗禹田，眼科专家陈达夫、刘松元，方剂专家陈潮祖，医古文专家郑孝昌，儿科专家胡伯安、曾应台、肖正安、吴康衡，针灸专家余仲权、薛鉴明、李仲愚、蒲湘澄、关吉多、杨介宾，医史专家孔健民、李介民，中医发展战略专家侯占元等。真可谓人才济济，群星灿烂。

北京成立中医高等院校、科研院所后，为了充实首都中医药人才的力量，四川一大批中医名家进驻北京，为国家中医药的发展做出了巨大贡献，也展现了四川中医的风采！如蒲辅周、任应秋、王文鼎、王朴城、王伯岳、冉雪峰、杜自明、李重人、叶心清、龚志贤、方药中、沈仲圭等，各有专精，影响广泛，功勋卓著。

北京四大名医之首的萧龙友先生，为四川三台人，是中医界最早的学部委员（院士，1955年）、中央文史馆馆员（1951年），集医道、文史、书法、收藏等为一身，是中医界难得的全才！其厚重的人文功底、精湛的医术、精美的书法、高尚的品德，可谓"厚德载物"的典范。2010年9月9日，故宫博物院在北京为萧龙友先生诞辰140周年、逝世50周年，隆重举办了"萧龙友先生捐赠文物精品展"，以缅怀和表彰先生的收藏鉴赏水平和拳拳爱国情怀。萧龙友先生是一代举子、一代儒医，精通文史，书法绝伦，是中国近代史上中医界的泰斗、国学家、教育家、临床大家，是四川的骄傲，也是我辈的楷模！

▍追源溯流，振兴川派

时间飞转，掐指一算，我自1974年赤脚医生的"红医班"始，到1977年大学学习、留校任教、临床实践、跟师学习、中医管理，入中医医道已40年，真可谓弹指一挥间。俗曰：四十而不惑，在中医医道的学习、实践、历练、管理、推进中，我常常心怀感激，心存敬仰，常有激情冲动，其中最想做的一件事就是将这些中医药实践的伟大先驱者，用笔记录下来，为他们树碑立传、歌功颂德！缅怀中医先辈的丰功伟绩，分享他们的学术成果，继承不泥古，发扬不离宗，认祖归宗，又学有源头，师古不泥，薪火相传，使中医药源远流长，代代相传，永续发展。

今天，时机已经成熟，四川省中医药管理局组织专家学者，编著了大型中医专著《川派中医药源流与发展》，横跨2000年的历史，梳理中医药历史人物、著作，以四川籍（或主要在四川业医）有影响的历史医家和著作为线索，理清历史源流和传承脉络，突出地方中医药学术特点，认祖归宗，发扬传统，正本清源，继承创新，唱响川派中医药。其中，"医道溯源"是以"民国"前的川籍或在川行医的中医药历史人物为线索，介绍医家的医学成就和学术精华，作为各学科发展的学术源头。"医派医家"是以近现代著名医家为代表，重在学术流派的传承与发展，厘清流派源流，一脉相承，代代相传，源远流长。《川派中医药源流与发展》一书，填补了川派中医药发展整理的空白，集四川中医药文化历史和发展现状之大成，理清了川派学术源流，为后世川派的研究和发展奠定了坚实的基础。

我们在此基础上，还编著了"川派中医药名家系列丛书"，汇集了一大批近现代四川中医药名家，遴选他们的后人、学生等整理其临床经验、学术思想编辑成册。预计编著一百人，这是一批四川中医药的代表人物，也是难得的宝贵文化遗产，今天，经过大家的齐心努力终于得以付梓。在此，对为本系列书籍付出心血的各位作者、出版社编辑人员一并致谢！

由于历史久远，加之编撰者学识水平有限，书中罅、漏、舛、谬在所难免，敬望各位同仁、学者，提出宝贵意见，以便再版时修订提高。

中华中医药学会　　副会长
四川省中医药学会　　会长
四川省中医药管理局　原局长
成都中医药大学教授　博士导师

2015年春初稿
2022年春修定于蓉城雅兴轩

张朝德 序

四川省名中医廖蕴阶先生从医五十余载，学识渊博，理论造诣极深，有丰富的中医临床、教学经验，中医学术水平极高，其生平事迹入选《四川名医传》。廖老博学而创新，既注重中医理论的研究，又强调辨证施治，尤精于中医内科。他秉承古训，而不拘泥于古，对病证施治能够因人、因时、因地而异，用药特别精细，以求最佳疗效。在长期的医疗实践中，廖老不断总结经验，探索创新，自创验方四十余首，临床效果显著。除了看病救人，他还勤于笔耕，孜孜不倦，为探究医学真理，总结经验，留下宝贵的资料。

笔者自1997年毕业后，到成都铁路中心医院工作，了解到其前身为圣修医院，中医在该院占有重要地位，有蒲辅周、廖蕴阶、高诚宗、杜自明等名医大家，这为中医药事业的发展做出了巨大贡献。

笔者有幸与廖老之孙廖大樟成为同事，对廖老有了进一步了解，为其高尚的医德、广博的才学、丰富的临床经验折服，甚是钦佩，因此对未能跟随学习、聆听教诲而深感遗憾。

2015年恰逢四川省中医药管理局实施开展总结川派中医成果的工作，为唱响川派中医，分享名中医的学术成果，在大樟的帮助下，有幸对廖老的学术思想和临床经验进行了整理总结，希望可以对继承和发扬中医尽绵薄之力。

为了更好地传承廖老的学术思想和临床经验，我们收集了他的手稿著作、医案、讲稿等，对其的生平、学术成就、临床经验、医案著作、学术传承等进行归纳总结，如实展示名中医廖蒉阶的学术主张和临床经验，希望能为读者提供一些临床辨治的思路。

在编写的过程中，我们看到这些资料的纸张虽然已经发黄，但字迹工整、条理分明，感受到了廖老治学的严谨。

本书的编写得到中医药管理局的指导和廖老女儿、孙子的帮助，在全体编委的辛勤工作、共同努力下，终于完稿，在此致以衷心的感谢。

张朝德

编写说明

四川作为全国中医药大省，自古及今拥有"中医之乡、中药之库"之美誉，省中医药管理局高度重视我省中医药文化，为推动全省中医药发展，发掘名老中医学术思想，特列"川派中医药名家学术思想及临床经验研究专项"，出版川派中医药名家系列丛书。廖蓂阶先生从医50余载，是享誉蜀中的名中医，尤其精于中医内科，在川派中医药名家受邀之列。

廖蓂阶先生从医多年来，始终秉持着"先有病人，后有医生；先有病案，后有方剂""当医生就要对病人负责，治病救人。不然，要医何用？！""对病人粗心大意是行医之大忌，不异于谋财害命"的态度，以身作则，扶危济困，积累了丰富的临床经验，同时设馆办学，培养了众多杏林学子。

本书收集了廖蓂阶先生医案、医话、史料和出版的著作，结合现代学术理论及临床，将廖老的生平简介、临床经验、学术思想、学术传承、论著提要、学术年鉴六个部分内容汇总成册，编者力求深刻领悟并凝练出廖老的辩证思维、诊治经验和学术思想，以飨同道。

本书得以顺利付梓，感谢四川省中医药管理局专项经费资助，感谢成都中医药大学姚德蛟教授、何隆教授的大力协助，感谢廖老之孙廖大樟先生的帮助，感谢王敬义在《廖蓂阶》一书中对廖老资料的整理。由于时间匆促，编者水平和经验有限，书中缺点和疏漏之处恐仍难免，敬祈指正。

目录

- 001　**生平简介**
- 007　**临床经验**
- 009　一、对肺结核的认识和治疗
- 016　二、对支气管扩张的认识和治疗
- 023　三、对支气管哮喘的认识和治疗
- 030　四、对关节炎的认识和治疗
- 037　五、对神经衰弱的认识和治疗
- 041　六、对斑疹的认识和治疗
- 047　七、对崩漏的认识和治疗
- 054　八、对癌瘤的认识和治疗
- 062　九、对癫狂的认识和治疗
- 071　十、对急性黄疸型肝炎的认识和治疗
- 078　十一、对慢性无黄疸型肝炎的认识和治疗
- 085　十二、对肝硬化腹水的认识和治疗
- 090　十三、对胃溃疡的认识和治疗
- 097　十四、对糖尿病的认识和治疗
- 101　十五、对中风的认识和治疗

107	十六、对半身不遂的认识和治疗
112	十七、对高血压的认识和治疗
118	十八、对阑尾炎的认识和治疗
122	十九、对胆石症的认识和治疗
128	二十、对肾结石的认识和治疗
132	二十一、对肾炎的认识和治疗
139	**学术思想**
141	一、以儒为基,深究岐黄术
141	二、将"病理学"概念揉入中医学的理论体系中
142	三、廖蓂阶关于阴阳的理论
143	四、廖蓂阶治疗中风症临床发微
148	五、学术主张
151	**学术传承**
157	**论著提要**
159	一、新编杂病论
159	二、验方集锦
160	三、时病纲要
161	**学术年谱**
165	**参考文献**

生平简介

川派中医药名家系列丛书

廖蓂阶

一、个人简历

廖蓂阶（1889—1975），四川省成都市人，汉族，号北郭处士，享年86岁，与李斯炽、吴棹仙、何仲皋、何龙举等近现代四川名医齐名的一代医学家，其生平事迹入选《四川名医传》。时任四川省中医研究院名誉院长李克光教授赞其"有渊博的学术理论造诣，有严谨的治学态度，有精良的医疗技术，有丰富的临床经验，有高尚的医德医风，对于中医事业有着深厚的感情和为之奋斗终身的奉献精神。"

我国古代有"大医必大儒"的说法，廖蓂阶也是一位饱学之儒士。他幼时入私塾学习十余年，因聪颖好学，勤奋敏达，对传统儒家经典均能熟读成诵，在书法方面也具有深厚的功底，从他编写的《张氏方歌》、编著的《时病纲要》等医学著作的手迹中，不难看出他的字体疏密有致，笔墨恣意洒脱，自成一体。清光绪年间，廖蓂阶参加成都"新学"考试，取得第三名的好成绩，由此可见廖蓂阶学识之渊博。这些基础为他之后学习医学，能够将医学书籍深入透彻地研究、理解、融会贯通并加以临床运用打下了坚实的理论基础。

廖蓂阶的父亲见其学识出类拔萃，便将他送至成都名中医史松樵先生门下学习岐黄之术。史老先生见廖蓂阶有深厚的儒学功底，并且勤奋刻苦，聪明执着，能迅速领悟中医的理论，故将毕生所学倾囊相授。随师学习的十年时间里，廖蓂阶打下了坚实的中医中药理论基础，并熟练掌握了制药技能、诊脉技能。

廖蓂阶28岁时辞别师门，正式自立门户，在成都城中巷3号寓所挂牌行医。在此期间，他在临床实践的同时不断加深对中医理论的研究，不仅从古今医籍医案中汲取营养，寻觅治病良方，还将张仲景、叶天士、吴鞠通、王梦英等名家医著删繁就简，编成歌括，方便临床运用，真正做到理论与实践相结合，临床水平不断提升。廖蓂阶具有很强的创新精神，他尊古而不泥古，在深研医学理论的前提下，经常点评前人医著，在实践中加以验证，体现了他实事求是、精益求精的学术品格。二十世纪三四十年代，廖蕊阶的医术得到了广泛的认同，名噪一时，享誉蜀中。

中华人民共和国成立后，在党和政府的高度重视下，曾经一度萧条的中医事业得到了迅速的发展，廖蕊阶的学术水平和诊疗水平也在这一时期得到了很大的提升，在医疗、教学和著述方面都取到了卓越的成就。1955年5月起，廖蕊阶兼任成都市卫生工作者协会中医研究委员会委员，成都市中华医学会分会理事。同年，与四川名老中医蒲辅周、王朴诚、杜自明三人，被推荐去北京中医研究院（现中国中医科学院）工作，但廖蕊阶自觉年事已长，家中学徒、亲眷众多而辞谢未往。1961年10月，廖蕊阶应邀赴北京参加国庆观礼。1975年1月，因病逝世，享年86岁。廖蕊阶从医50余载，救人无数，取得了很高的医学成就，受到社会的广泛赞誉，是一位医德高尚、医技高超、著作丰厚的中医学家。

二、担任职务

1931年廖蕊阶先生任成都中医考试委员会委员。1933年兼任成都防疫处中医治疗所主任。1935年兼任成都国医讲习所副所长，同年5月，创办《四川医药特刊》并兼任总编辑。

1955年5月起，兼任成都市卫生工作者协会中医研究委员会委员、成都市中华医学会分会理事。1956年初，受聘为西南铁路工程局基地医院一等二级中医师，享受专家待遇。1958年，任该院副院长，在任期间为该院中医药事业的发展做出了重大贡献。该院前政委王惠臣在一篇纪念医院建院100周年的文章中称："20世纪50年代末60年代初，是我们医院中医的辉煌时期……老中医廖老的诊疗技能，享誉全路，享誉社会。成都中医学院（现成都中医药大学）常来联系，指明要他带领学生实习，传授诊疗技能，外单位领导干部来院找他看病的也不在少数。"自1956年12月起，廖蕊阶先生连任成都市第二、三、四届人民代表大会代表，成都市政协第五届常务委员。

三、科研教学

廖蓂阶在为人民群众解决疾苦的同时，还致力于不断发扬祖国传统医学和培养中医接班人。20世纪30年代，他在家设馆办学，讲授中医典籍，指导徒弟领会中医典籍内涵要领，了解中药性味归经、主治功效等基本知识，学习膏、丹、丸、散配制方法，逐步掌握中医望、闻、问、切等辨证施治的法门，培养了一批中医人才。其中，蜀中名医王朴诚，让其子王伯岳拜入廖蓂阶门下学习。在廖蓂阶的精心培养下，王伯岳取得了很高的成就，中医造诣颇高，成绩斐然，后来成为我国著名的中医儿科专家（被载入《中国百年百名中医临床家丛书》）。据《四川名医传》记载，1932年，廖蓂阶与成都四大名医之一的沈绍九等创办"成都国医讲习所"，并担任教务长，编写讲义兼授课，1935年任讲习所副所长。1937年，抗日战争全面爆发后，成都亦受到紧张的战事影响，廖老等人不得不将讲习所停办。讲习所先后培育中医人才200余人，遍布全川，承担中医业务，保障了许多四川人民的身体健康。自1954年起，廖蓂阶长期为成都市卫生系统组织的中医进修班、西医系统学习中医讲座授课；在成都铁路中心医院工作期间，廖先生为全国铁路系统举办数届中医专修班、西医学习中医班，兼任教务主任，编写讲义并授课，共培养中医及中西医结合型人才200余人，他们后来成为了全国铁路卫生系统的中坚力量。廖蓂阶用自己的实际行动，为弘扬祖国的中医事业作出了巨大贡献。

川派中医药名家系列丛书

临床经验

廖蓂阶

一、对肺结核的认识和治疗

肺结核是由结核杆菌引起的慢性肺部感染性疾病，以咳嗽、潮热、盗汗、胸痛、咯血、消瘦等为主要临床症状，其病具传染性。人体在免疫力降低的情况下，易感染结核杆菌，虽然感染后并非立即发病，但一旦感染，终生有发病危险。

健康人感染结核杆菌并不一定发病，只有在机体免疫力下降时才发病。世界卫生组织（WHO）2023年统计表明，2022年约有130万人死于结核病，是仅次于COVID-19的第二大传染性杀手（超过艾滋病毒和艾滋病）。我国是世界上结核疫情较为严重的国家之一。该病早期经诊断及正规治疗，多可痊愈。其治疗应遵循早期、规律、全程、适量、联合的原则。随着多耐药结核杆菌的出现以及艾滋病等造成人体免疫力低下疾病的增多，治疗难度加大。

肺结核属中医里"肺痨""痨瘵""肺疳"等范畴。历史上肺结核严重威胁着人类的生命，因此中医学对肺结核的认识历史悠久，且逐渐深化，历代医家均对其有所论述。其中唐代医家在"肺虫"基础上提出的"痨虫""瘵虫"病因之说，《丹溪心法·痨瘵》倡导"痨瘵主乎阴虚"之说，《仁斋直指方》提出"治瘵疾，杀瘵虫"的重要观点，《医学正传·劳极》确立的杀虫与补虚两大治疗原则受到中医界的广泛认可。

廖老认为肺痨是一种由于正气虚弱，感染痨虫，侵蚀肺脏所致，以咳嗽、咯血、潮热、盗汗及身体逐渐消瘦等症为主要临床表现、具有传染性的慢性消耗性疾病。此病总由其人素体虚弱，正气不足，不能抗邪，则易成疾。又有或劳神耗精、或房劳损肾、或嗜食辛辣耗气伤肺阴者，更易感邪而作病。

1. 对肺结核病因病机的认识

（1）正气虚弱，感染痨虫，侵蚀肺脏

正气是人体维持正常功能活动以及对外界环境的适应能力、抗病能力和康复能力，有维护自身生理平衡与稳定的功能。

廖老认为，正气存内，则邪不可干，然其人或禀赋不足，或素体虚弱，又或阴阳虚损，以致正气不能固护机体，痨虫邪气趁机而侵犯机体，进一步侵蚀肺脏，而成肺痨之病。

（2）肾阴不足，孤阳无制，虚火上炎灼肺

肾阴，又称元阴，是全身阴液的根本。对机体各个脏腑器官起着滋润和濡养的作用。肾阴和肾阳是机体各脏阴阳的根本，二者之间，相互制约，相互依存，相互为用，维护体内脏腑阴阳的相对平衡。

廖老认为部分肺结核患者因劳神耗精、或房劳损肾使得肾阴亏损，孤阳无制，虚火上炎，相火灼金，上耗母气，导致肺肾两虚，痨虫袭肺而致痨病。故其治疗亦不应仅局限于肺之一脏，而应同时关注全身脏器之虚损。若只一味治肺，恐不得效。

2. 治疗肺结核的经验

（1）着眼于整体，分阶段论治

廖老临床上着眼于从整体上辨证论治，针对患者不同体质和疾病的不同阶段，采取与之相适应的治疗方法。廖老以临床之经验、其病之临床特点、症状之发展进程，将肺结核分为三阶段论治。

初期：肺痨初期，其人或有阴虚，或有阳虚，总以正气不足为主，故而使痨虫乘虚而入，侵及肺脏，其症状常不明显，甚至仅类似于感冒，以咳嗽、胸痛为主要症状。而此时中土尚未空虚，同时在廖老临证之中又以阳虚者为常见，故多用甘温益气、肺肾同补之法，方选加减地黄汤（自制验方：熟地黄、山萸肉、潞党参、淮山药、黄芪、五味子、制附片、淫羊藿、巴戟天、杜仲、补骨脂、龙骨、牡蛎、炙甘草、焦白术），此方治肺痨初期咳嗽剧烈、痰多而清、有咸味，肺部隐隐刺痛，神气衰惫，喉干无津而痛，夜热盗汗，遗精便溏，肢体不温，脉虚濡细小者。

中期：病在初期者，或未及时延医，或误以他病治之，迁延日久，则病势逐渐发展，阳损及阴，则见潮热盗汗，咳嗽增剧，痰中带血。病至此者，多已是肺脾俱损，故治当清肺补脾，养阴止血，方选清金止血汤（自制验方：南北沙参、生淮山药、生地、茯苓、天冬、麦冬、玉竹、白及、白蔹、百部、女贞子、阿胶珠、川贝末、甜杏仁、百合、蛤粉、三七末、雪梨汁、冰糖。用蜂蜜30g，同煎，每日1剂），此方治肺痨中期体温微高，干咳黏痰，痰中带血，或大量咯血，胸部疼痛，入暮潮热，梦中盗汗，两颧发赤，精神不振，肌肉消瘦，痰多臭气，脉细数者。无论男女皆宜此方，继续多服，效力甚大。若加重剂量，改汤为膏，可以久服。

后期：病势经初期、中期治疗而不效者，渐至恶化。此期乃本病之极其严重之时，患者肺部损伤严重，枯瘦如柴，卧床不起，咳嗽喘促，咯血，声嘶音哑。此时肺金与脾土俱伤，急则治其标，治当先止咯血，再以补益中土。方选温金止血汤（自制验方：潞党参、炒扁豆、炒淮山药、炙甘草、炮姜炭、当归炭、丹皮炭、血余炭、甜杏仁、炒白芍、炙黄芪、陈粳米、大枣），此方治肺痨后期咯血，服寒凉药，血不止，枯瘦如柴，卧床不起，咳嗽喘促，声嘶音哑，肺部损伤严重，脉小弱，舌苔淡白不干。

（2）明辨阴阳，标本兼治

廖老认为肺结核一病，若仅治其标，而不清其本，则本亦终归不治；若仅清其本，而不治其标，则标亦终归不治。是以该病若要取效，非得明辨阴阳，标本兼治。廖老临症所得，其病属阴虚者，十之七八；属阳虚者，十之二三。

阴虚证：患者潮热有定时，咳嗽吐血，五心烦热，耳鸣目花，喘促羸瘦，便血遗精，喉痛嘶哑，齿松牙动，左尺脉虚弱或细数，系肾中之元阴亏损，药宜甘寒纯静之品，大忌辛燥。方选拯阴理痨汤（人参、麦冬、五味子、当归、白芍、生地黄、龟板、女贞子、薏苡仁、百合、莲子、炙甘草、牡丹皮、橘红），甘寒滋阴，治因阴虚火动所致之骨蒸潮热、食少痰多、气短喘咳，有良效，宜多服或熬膏服用。

阳虚证：患者咳嗽吐血，困倦食少，便溏腰痛，畏寒肢冷，遗精，自汗，右尺脉迟小或沉细而数，似有似无，此是命门之阳不足，药宜甘温益气之品，最忌寒凉。方选拯阳理痨汤（人参、白术、甘草、黄芪、当归、陈皮、肉桂、五味子），此方治肺痨阳虚气弱，而现倦怠食少，脉濡弱，服寒凉药益剧者。

（3）病虽在肺，仍重中土

廖老于此病，虽做阴虚、阳虚之别，但无论阴虚阳虚，总以补其中土为主。盖凡劳伤之人，中土渐虚，不能生金，故咳嗽不已。故用药宜以稼穑作甘之本味，而酸苦辛咸不与之，盖舍此而别无良法也。方选生金益气汤（自制验方：米洋参、泡沙参、生淮山药、百合、玉竹、朱茯神、生熟地、甜杏仁、川贝母、虫草、生扁豆、炙黄芪、白及、麦冬、炙甘草）。此方治肺痨咳痰无血，或干咳无痰，潮热盗汗，胸部隐痛，中土亏虚，神倦体瘦，食欲不振，或服前方止血之后继服此方，或加重剂量，改为药膏长期服之，缓缓图之，病可痊愈。熬膏时，再加鸡蛋壳十枚，烧焦研末调入膏中。虚喘者再加蛤蚧研成细末，冲服（后文简称末、冲一对），水獭肝（末，冲）3g；胸部隐痛，加乳香、没药各6g。

（4）廖老对肺结核病的用药特点

养肺阴：南沙参、百合、玉竹、二冬、生地。

养肾阴：鳖甲、知母、墨旱莲、枸杞子。

温肾阳：肉桂、制附片、沙苑子、补骨脂、巴戟天、淫羊藿、杜仲。

润肺止咳化痰：炙紫菀、炙冬花、百部、甜杏仁、川贝母。

填肺养阴止血：三七、白及、阿胶珠、白茅根、侧柏炭。

健脾益气：米洋参、潞党参、黄芪、大枣、白术、淮山药、炙甘草。

3. 病　案

案1：王某，男，30岁。1957年9月10日初诊。

病史：患者经常咳痰，胸部隐痛，痰中常带血丝，右胸之痛尤甚，两胁及胃脘亦感痛胀，历时已3年。近更加剧，头昏足软，行步气喘，夜间潮热，遗精，失眠，两颧发红，精神不支，形容枯槁。经医院透视系"重型肺结核"，右肺甚于左肺。脉弦细而数，舌苔微黄。

诊断：肺痨中期。

辨证：阴虚证。

治法：清肺补脾，养阴止血。

处方：清金止血汤加减。具体方药如下：

| 南北沙参各18 g | 生淮山药18 g | 百合15 g | 玉竹12 g |
| 二冬各18 g | 炙紫菀12 g | 炙冬花12 g | 杭白芍15 g |

墨旱莲 24 g　　　石决明 24 g　　　牡蛎粉 30 g　　　川贝粉(冲)12 g
茯神 12 g　　　　郁金 6 g　　　　阿胶珠 12 g　　　刺蒺藜 9 g
甘草 9 g

二诊：7 剂后胸胁之痛消失，咳痰亦减，唯右胸部仍痛，大便黑色，原法加减。具体方药如下：

南北沙参各 15 g　　百合 15 g　　　郁金 9 g　　　　知母 9 g
甜杏仁 15 g　　　　牡丹皮 9 g　　　炙冬花 12 g　　 寸冬 15 g
墨旱莲 24 g　　　　瓜蒌 16 g　　　 生淮山药 24 g　 川贝母 9 g
炙白及 12 g　　　　杭白芍 15 g　　 甘草 9 g　　　　三七(末，冲)5 g

三诊：10 剂后，大便色转正常。右肺之痛大减，潮热及面赤皆消失，精神渐振，唯咳痰尚甚。

原方续服。

四诊：10 余剂后诸症皆退，痰咳甚少，食量大增，精神显著好转，可望痊愈。

生淮山药 120 g　　大泡沙参 60 g　　虫草 30 g

上三味，与老黑鸭同炖，连服三只，并兼服下面丸方：

米洋参 30 g　　　　南北沙参各 60 g　茯神 30 g　　　　淮山药 90 g
炒白术 30 g　　　　秦当归 30 g　　　炒白芍 30 g　　　熟地黄 120 g
炒丹皮 18 g　　　　麦冬 30 g　　　　川贝母 30 g　　　甜杏仁 30 g
炙紫菀 24 g　　　　炙冬花 24 g　　　三七 9 g　　　　白及 24 g
玉竹 30 g　　　　　沙苑子 24 g　　　天冬 24 g　　　 薏苡仁 30 g
牡蛎 60 g　　　　　龟板 60 g　　　　莲米 120 g　　　芡实 120 g
广陈皮 15 g　　　　甘草 60 g　　　　淮牛膝 15 g　　 虫草 30 g
蛤蚧 2 对

以上诸药共为细末，炼蜜为丸，每日早晚各服 9 g，开水下。

服丸方 2 剂后，精神充实，咳嗽痊愈，体重大增，复经透视，两侧肺部结核完全钙化。数年沉疴，遂告痊愈。

按语：患者以咳痰、胸部隐痛、痰中带血为主要症状，病程已历时 3 年，迁延不愈，脉弦细而数，舌苔微黄，是为肺痨中期阴虚之证。故选清金止血

013

汤，以清肺补脾，养阴止血。方中沙参、百合、玉竹、二冬等皆为养阴补肺之佳品，又兼淮山药、茯神、甘草等补其中土，奏补土生金之效，阿胶有滋阴止血之功。二诊患者咳痰、胸痛均减轻，故仍守原方清肺滋阴之意，但患者新增大便色黑之症，乃是瘀血下行之象，故加三七祛瘀止血。三诊患者诸症均大减，效不更方，仍用原方。四诊沉疴向愈，仍予滋肺阴，补脾土，是五行土能生金之意也，终始数年沉疴告愈。

案2：陈某，男，28岁。1964年4月20日初诊。

病史：患者经常咳嗽痰血，入晚潮热，盗汗，精神疲倦，肌肉消瘦，失眠，食减，咯血不止，已历数年。曾经透视为"右肺结核"。脉细数。

诊断：肺痨中期。

辨证：阴虚证。

治法：清肺补脾，养阴止血。

处方：清金止血汤加减。具体药方如下：

生地黄 24 g	二冬各 9 g	元参 15 g	白茅根 60 g
川贝母 12 g	鲜枇杷叶九片	淮山药 24 g	墨旱莲 24 g
玉竹 24 g	杭白芍 12 g	北沙参 24 g	甘草 9 g
阿胶珠（蒲黄炒）12 g			

另用茜草 30 g、大小蓟各 15 g、藕节 60 g、侧柏叶 30 g、艾叶 15 g、荷叶一张，各药火煅存性，研成细末，和匀用药汤冲服，每次 9 g。

二诊：5剂后咯血大减，咳嗽亦轻。

南北沙参各 15 g	生淮山药 24 g	元参 15 g	麦冬 15 g
甜杏仁 12 g	炙百部 12 g	桑叶 12 g	三七（末，冲）3 g
玉竹 12 g	川贝母 12 g	百合 15 g	甘草 9 g
炒生地 18 g			

仍兼服前末药。

三诊：10剂后，血已全止，食量大增，晚间尚有潮热。

生地 18 g	地骨皮 15 g	鳖甲 15 g	元参 12 g
寸冬 12 g	银柴胡 6 g	知母 6 g	川贝母 9 g
茯神 12 g	甘草 9 g	北沙参 15 g	生淮山药 18 g

玉竹 12 g

四诊：3 剂后，潮热全退，但有轻微咳嗽。

米洋参 6 g	南北沙参各 15 g	生地 15 g	百合 15 g
寸麦冬 12 g	川贝母 9 g	玉竹 12 g	甘草 9 g
白及 9 g	杭白芍 12 g	茯神 9 g	阿胶珠(蛤粉炒)9 g
酸枣仁 12 g	水獭肝（末，冲）5 g		藕节 5 枚

前方约服 20 余剂，诸症消失，精神焕发，咳嗽痊愈。又经透视，肺结核已完全钙化，即参加工作，并来函称谢。

按语：患者肺痨已历多年，病程迁延，一诊时以咳嗽痰血为主症，是以诊为肺痨中期，患者入晚则潮热，盗汗，且肌肉消瘦，一派阴虚之症，故仍以清肺、养阴、止血为首要治法，并兼以补脾，方选清金止血汤。方中鲜枇杷叶、川贝母、二冬、玉竹、北沙参、生地黄等清肺养阴，白茅根、墨旱莲、蒲黄炒阿胶珠止血，兼以淮山健脾，固护中土。二诊时咯血大减，咳嗽亦轻，仍宗原法。三诊，血已全止，食量大增，晚间尚有潮热，是阴虚阳旺，故予地骨皮、鳖甲、银柴胡、知母育阴潜阳。四诊时病已大好转，唯仍有咳嗽，此时宜清养，缓调饮食，补其中土，故予生金益气汤加减，益气健脾，补土生金。

案 3：周某，男，28 岁。1964 年 11 月 20 日初诊。

病史：患者经常咳嗽，咯痰，胸部刺痛，左甚于右，痰色稀清，面色苍白，气衰声小，喉干作痛，夜眠盗汗淋漓，已经历 3 年。曾经透视为"肺结核"，近来诸症加剧，幸胃纳尚可，脉细濡。

诊断：肺痨初期。

辨证：阳虚证。

治法：甘温益气，肺肾同补。

处方：加减地黄汤：

熟地 18 g	山萸肉 12 g	淮山药 18 g	潞党参 15 g
炙黄芪 12 g	五味子 3 g	制附片 9 g	淫羊藿 9 g
巴戟天 9 g	炒杜仲 15 g	补骨脂 12 g	龙骨 18 g
牡蛎 24 g	枸杞子 12 g	炙甘草 9 g	

二诊：3剂后，盗汗止，咳痰轻，肺部之痛已微，唯精神尚倦，终日思卧。

潞党参 15 g	熟地黄 15 g	白术 12 g	制附片 9 g（先煎）
炙甘草 6 g	五味子 3 g	淮山药 15 g	黄芪 15 g
桂圆肉 9 g	淫羊藿 9 g	巴戟天 9 g	补骨脂 9 g
牡蛎 18 g	龙骨 15 g	山萸肉 9 g	

上方连服5剂，咳嗽吐痰已止，胸部已不疼，精神食欲大增，但觉腰酸，又服数剂，病者已无任何不适。复经透视，肺部结核已纤维化，左上部已基本治愈。嘱其改汤为丸，再加入紫河车粉120 g，每日服2次，终剂遂痊愈，恢复工作。

按语：患者常咳嗽，咯痰，胸部刺痛，历时已有3年，但胃纳尚可，是以中土未虚，故仍是初期。痰色稀清，面色苍白，气衰声小，是阳虚之兆，故而大忌寒凉之品，予地黄汤加减。方中山萸肉、潞党参、巴戟天、制附片、炙黄芪甘温益气，尤其山萸肉补力平和，壮阳而不助火，熟地、淫羊藿、淮山药、杜仲、补骨脂、五味子等肺肾同补，诸药共用，温肾阳而益肺气。二诊时，患者盗汗已止，咳痰、疼痛已轻，但仍倦怠思卧，是阳气仍未复健，故仍以温阳为主，但加桂圆肉等补其虚损，复其体力。五剂之后，病已大好，但肾阳仍虚，再予数剂，使肾阳充足，其病自愈。

二、对支气管扩张的认识和治疗

支气管扩张大多继发于急、慢性呼吸道感染和支气管阻塞后。由于支气管及其周围肺组织慢性化脓性炎症和纤维化，使支气管壁的肌肉和弹性组织破坏，导致支气管变形及持久扩张。临床表现的主要症状有慢性咳嗽、咳大量脓痰和（或）反复咯血。主要致病因素为支气管感染、阻塞和牵拉，部分有先天遗传因素，患者多有急、慢性呼吸道炎症，肺气肿等病史。现代医学对该病的治疗方法主要是清除分泌物、抗感染、提高免疫力等，若长期不愈、反复感染，药物不易控制时，可行手术治疗。由于支气管已失其正常，极难使之恢复，往往时愈时发，反复无定。

有研究显示，支气管扩张的病因在各国家及地区间存在显著异质性，但感染后支气管扩张仍为最常见病因，占总体 19.1%~40.4%，且比例仍呈增高趋势。在我国，支气管扩张是一种常见疾病。虽然近年来随着急、慢性呼吸道感染的恰当治疗，本病发病率似有下降的趋势，但随着慢性阻塞性肺疾病发病率的增高，作为其合并症的支气管扩张发病率有上升趋势，尤其是近几年我国肺结核发病人群未见明显下降趋势，继发于肺结核的支气管扩张人群也会不断增加。

支气管扩张在中医学中，可归属于"肺痿""劳嗽"等范畴。古代虽无支气管扩张之病名，但历代医家对其已积累了一定认识及论治经验。肺痿之病名，首见于《金匮要略》："热在上焦者，因咳为肺痿"；"寸口脉数，其人咳，口中反有浊唾涎沫者何？师曰：为肺痿之病"；"脉数虚者为肺痿，数实者为肺痈"。《诸病源候论》对肺痿的成因、转归作了探讨。唐代孙思邈将肺痿分为热在上焦及肺中虚冷两类。明代王肯堂《证治准绳·诸气门》所述"久嗽咳血成肺痿""肺痿，或咳沫，或咳血"，与支气管扩张症颇为相似。明代戴原礼在《证治要诀》中亦有介绍："劳嗽……所嗽之痰，或脓，或时有血腥臭异常。"也比较符合本病症的表现。

廖老认为，此病因感受外邪，素体阴虚，肺失清肃所致，多为肺燥精亏、痰热郁肺，久病或体虚可出现阳虚之证。在治疗上现代西医学除采用控制感染和清除痰液外，尚乏根治之法。廖老治疗此病主要在生肺津，润肺燥，下逆气，开积痰，驱痰浊，补其真气以通各支气管，散痰热以复肺之清肃。廖老亦强调肺位最高而名娇脏，断无速效之理，须缓缓图之，大忌妄施峻法，尤不可因其不渴（肺痿多不渴），而用燥热之剂（阳虚例外），致蹈虚虚之祸。

1. 对支气管扩张病因病机的认识

（1）病位在肺，不止于肺

廖老认为，本病病位在肺，但与脾、肾等有密切的关系。肺气上逆而咳，日久则伤肺络，致咳嗽痰血不止，肺病日久可以及脾，子病及母，脾肺俱虚，脾失于运化而津液输布不能，内生痰湿，上注于肺，即"脾为生痰之源，肺为贮痰之器"。后期正虚邪留，正气耗损，肺脾肾亏虚。肺气虚卫外不固；脾气虚脾不统精，气不摄血；肾阴虚则相火上炎，以上皆可导致反复咳痰咳血。

（2）肺为娇脏，不耐寒热

廖老认为，支气管扩张乃是因肺络受损所致，肺为娇脏，又为脏腑之华盖，喜润恶燥，喜清恶浊，不耐寒热，故寒热邪气犯肺，肺失清肃则为咳嗽，损伤肺络，血溢脉外，则发为本病。

（3）肺阴亏虚，痰热内生

廖老认为，其人或因禀赋不足，或酒色劳倦，或病后失调，致肺体受损，肺阴耗伤，此时若兼热邪袭肺，炼液为痰，则阴虚更甚，痰热愈盛。此时虚实夹杂，可见潮热盗汗、咯少量黄色黏痰，或痰中带有血丝等症。

2. 治疗支气管扩张的经验

（1）津亏肺燥

肺为娇脏，最为喜润恶燥，热邪犯肺，一则使肺之清肃失常，则见咳嗽、咯痰，痰色黄而腥臭；二则耗伤阴津，肺络失于滋养，则咯血不止。治当生肺津，润肺燥，方选沙参二冬汤：沙参、甜杏仁、生扁豆、麦冬、枇杷叶、天冬、五味子、百合、阿胶、钗石斛。此方治支气管扩张，其人咳吐腥臭浊痰，或咳血，右脉空大，左脉弦细，为真液不守、阴火上冲克金之证。血多者，加侧柏炭、白茅根、藕节、血余炭，或服止血粉亦良。方中沙参、麦冬、天冬、百合、石斛等养肺阴，生肺津，阿胶补血止血，枇杷叶有润肺止咳之功。

（2）阴虚痰热

其人或先天不足，或后天诸般因素而致肺阴亏虚，此时兼热邪侵袭，则阴虚与痰热共存，虚实夹杂，症见潮热盗汗、咯少量黄色黏痰，或痰中带有血丝。治以润肺阴，散痰热。方选紫菀散：炙紫菀、人参（西洋参代）、茯苓、知母、川贝母、阿胶（蛤粉炒）、桔梗、五味子、麦冬、炙甘草。此方主治咳嗽痰血、虚痨肺痿等症。方中紫菀、川贝、桔梗可润肺止咳祛痰，知母、麦冬有清热散痰之功，另外宜加用半夏少许入上药，借半夏之燥力，驱其痰浊，而清凉之药力始能达于肺体，此妙法也。阴虚甚者加熟地、生地；痞满者去地、冬，加橘红、紫苏子；泄泻者去地、冬、知母，加淮山药、茯苓、扁豆。

廖老认为，祛痰一法的使用，是使支气管内的炎性分泌物得以排出气道，对改善肺的通气功能大有裨益。支气管扩张多有脓性痰，脓性痰越多，人的气血阴阳耗伤越严重，因此采用既清热祛痰又补益气血这一法则，是治病之良策。

（3）气不统血

气为血之帅，然久伤劳倦，脾土不足，则气虚不足以统摄血行，则见反复咳嗽、咯血，且血色鲜红，其人亦常觉困倦无力，治以温补脾肺，益气摄血方，选天师引血汤：黄芪、当归、黑荆芥花、丹皮炭、炮姜炭、侧柏炭、炙甘草、大枣、人参。主治反复咳嗽、咯血，服泻火剂咯血愈重，服止血剂，则闷乱不安，饮食不进，昏晕欲死，脉小细数，势将虚脱者。方中参、芪补肺脾之气，归、芪、参、枣益气摄血，黑荆芥花、丹皮炭、侧柏炭等止血，加炮姜炭又有温中之效。

廖老认为，通过补益脾肺来增强患者自身的抵抗力，加强其抗病邪能力，这对肺部慢性炎症的控制发挥着重要治疗作用。

（4）肺气上逆

肺主肃降，肺气上逆则为咳嗽，咳久肺络受伤，则为咯血，故在支气管扩张的治疗中需重视降肺气，以降气止血，常配合使用止血粉：煅花蕊石、血余炭、人中白、蒲黄炭，共研磨为细末，每次冲服3g，每日三服，方中诸药皆为化瘀止血之良品，临床应用时，可视具体病情、气机之升级浮沉，与不同方药配伍，起理气止血之效。

3. 病　案

案1：陈某，女，32岁。1963年4月11日初诊。

病史：患者有胸痛、咳嗽、咯血史8年。西医诊断为支气管扩张。近又复发，遂住院治疗。咳嗽剧烈，咯血100多毫升，血色鲜红，胸中隐痛，有灼热感。次日又咯血200多毫升，因而头昏加剧。口苦，咽喉干燥，肢体倦怠，咳嗽不止，喉间干燥，思冷饮；夜间盗汗失眠，食欲不振；舌绛苔黄，脉数大而滑。因咯血不止，乃请中医会诊治疗。

诊断：支气管扩张。

辨证：阴虚火热证。

治法：润肺阴，散痰热。

处方：紫菀散加减。具体药方如下：

炙紫菀 12 g	生地 24 g	生杭白芍 12 g	甜杏仁 9 g
麦冬 12 g	鲜石斛 15 g	川贝母 9 g	鲜茅根 30 g
藕节 30 g	侧柏炭 9 g	炙白前根 9 g	牡丹皮 9 g
阿胶珠 12 g

二诊：连服 3 剂，咳嗽减轻，咯血全止，唯咳嗽时尚牵引胸痛，痰中微有血丝，食欲仍不振，盗汗失眠如故。

南北沙参各 18 g	大枣 9 g	麦冬 9 g	五味子 3 g
米百合 18 g	川贝母 9 g	生淮山药 18 g	生扁豆 12 g
炙紫菀 12 g	炙冬花 9 g	干生地 15 g	生杭白芍 12 g
浮小麦 24 g	生甘草 6 g

本方随时略有加减，服 10 余剂，咳嗽吐痰大减，血全止，苔色退，精神复振，食欲大增，盗汗失眠皆愈，遂出院恢复工作。

按语：患者以胸痛、咳嗽、咯血为主症，现症见咯血量多，胸中隐隐作痛、灼热，加之夜间盗汗，结合舌脉：舌绛苔黄，脉数大而滑，辨证为阴虚血热，予紫菀散加减。方中生地、麦冬、石斛等清养肺阴，紫菀、麦冬、杏仁、冬花等润肺止咳，生地、白芍、藕节、茅根、侧柏炭等清热凉血止血。二诊来时咯血已全止，咳嗽亦大减，但食欲仍不振，仍盗汗失眠，是脾气未健，胃阴亦虚，故在养阴益肺的基础上再加沙参、百合益胃阴，又添山药、扁豆补益脾气。连服十余剂，患者诸症皆愈，终获全功。

案 2：李某，男，37 岁。1965 年 3 月初诊。

病史：患者胸痛、咳嗽、咯吐脓性痰 2 个月。西医诊断为支气管扩张。住院月余，服西药无效，乃转中医治疗。身体消瘦，呈慢性病容，胸痛咳嗽，痰多浓绿色，吐血时气喘不能卧，食少神疲，晚间潮热盗汗，上半夜咳甚，下半夜稍轻，脉缓弱。

诊断：支气管扩张。

辨证：津亏肺燥证。

治法：生肺津，润肺燥。

处方：沙参二冬汤加减。具体药方如下：

南北沙参各 15 g	二冬各 12 g	生淮山药 30 g	生扁豆 15 g
鲜枇杷叶 24 g	生莲肉 15 g	薏苡仁 15 g	五味子 3 g
川浙贝各 9 g	熟地 24 g	乳、没 各 3 g	生甘草 9 g
浮小麦 30 g	玉竹 12 g	白花润肺膏（开水冲服）60 g	

二诊：5剂后，诸恙皆减，夜能安眠，潮热盗汗均止。

原方去浮小麦、五味子，加丝瓜络 15 g、橘络 9 g。

三诊：5剂后喘咳均大减，痰量亦少，食量增加，唯胸部尚痛，痰有臭气。

南北沙参各 15 g	二冬各 12 g	生淮山药 30 g	生薏苡仁 15 g
建莲肉 15 g	扁豆 15 g	川浙贝各 9 g	五味子 3 g
枇杷叶 15 g	炙甘草 9 g	竹叶参 12 g	乳、没 各 5 g
金银花 15 g	蒲公英 15 g		

上方连服10余剂，症已痊愈，有时微咳一二声，痰色已清，一切恢复正常，乃出院。

按语：患者消瘦、盗汗是阴津亏虚之征，胸痛、咳嗽、咯吐脓痰，为肺燥伤津，痰浊阻肺，故予沙参、麦冬、天冬、玉竹等养肺阴，生肺津；阿胶补血止血；贝母、枇杷叶有润肺止咳之功。二诊时诸症皆减，眠可，汗止，故去浮小麦、五味子敛汗之品，加化痰之味。三诊来时唯胸部痛，痰有臭气，是仍有热毒内蕴，故予清热解毒之品银花、蒲公英，增强清肺解毒之力。脾为生痰之器，故再予补益脾土之品，是培土生金之法。

案3：王某，男，36岁。1962年5月7日初诊。

病史：患者反复咳嗽、吐痰、咯血2年。现又复发，2天前吐血10余口，与痰及唾液相混合，胸内感觉发热，午后疲倦，微有潮热，眼发胀，睡眠不好，身体消瘦，口唇暗黑色，牙龈及黏膜为蓝黑色。查血常规：红细胞345万/L，血红蛋白76%。检查意见：阿狄森氏病、支气管扩张，以上为西医病例摘要。昨又吐血2次，神虚气弱，脉缓而迟。

诊断：支气管扩张。

辨证：阳虚气不统血。

治法：温肾补肺，益气摄血。

处方：天师引血汤：

潞党参 18 g	炙黄芪 18 g	秦当归 12 g	炮姜 6 g
大枣 4 枚	荆芥炭 9 g	丹皮炭 9 g	蒲黄炭 9 g
炒白芍 15 g	炙甘草 9 g		

二诊：3剂后，血已减，尚未尽，脉迟而弱，中气大虚。原方再服2剂。

三诊：昨又吐血甚多，色鲜红，四肢不暖。脉右寸关微小，左关弦。

西洋参 12 g	秦当归 15 g	黄芪 30 g	炮姜 9 g
侧柏炭 15 g	藕节 30 g	血余炭 9 g	荆芥炭 9 g
丹皮炭 9 g	大枣 15 g	赭石末 18 g	炙甘草 9 g
三七（末，冲）3 g			

四诊：1剂，血渐止，仅痰中带血，精神转好。

西洋参 6 g	泡沙参 24 g	淮山药 24 g	寸冬 12 g
藕节二两	赭石 18 g	扁豆 12 g	五味子 6 g
侧柏叶 12 g	杭白芍 12 g	花蕊石 9 g	降香 6 g
法半夏 9 g	熟地 15 g	阿胶珠 12 g	血余炭 9 g
炙甘草 9 g			

五诊：血不复作，痰中微有血迹，睡眠亦安，病情好转。

西洋参 9 g	潞党参 15 g	白术 12 g	淮山药 21 g
扁豆 12 g	法半夏 9 g	茯神 12 g	酸枣仁 12 g
熟地 15 g	五味子 6 g	枸杞子 12 g	山萸肉 12 g
补骨脂 9 g	龙骨 18 g	牡蛎 24 g	炙甘草 6 g

上方连服7天，痰咳大减，血已全止。食量大增，病已显著好转，以后即本上法为丸长服，可长期控制，遂出院。数年未发，恢复工作。

按语：患者长期咯血而导致阳气虚弱，气不统血。用参、芪、大枣益气摄血止血；用荆芥、牡丹皮、蒲黄三药炒炭止血而不留瘀；白芍、当归养血。一剂而减少，但再剂复又吐血甚多，其脉微小而左关弦，为肝热化火上逆犯肺之象。廖老急用赭石以镇之，一剂而血止。

三、对支气管哮喘的认识和治疗

支气管哮喘(简称哮喘)，是由多种炎症细胞（如肥大细胞、嗜酸性粒细胞、T 淋巴细胞等）及细胞组分参与的气道慢性炎症性疾病。主要特征包括气道慢性炎症，气道对多种刺激因素呈高反应性，广泛多变的可逆性气流受限以及随病程延长而导致的一系列气道结构的改变，即气道重构。临床症状以反复发作的喘息、气促、胸闷和(或)咳嗽等为主，多在夜间和(或)凌晨发作或加重，多数可自行缓解或经治疗后缓解。

哮喘是目前全球范围内常见的慢性疾病之一，全球约有 3.58 亿哮喘患者。亚洲的成人哮喘患病率为 0.7%～11.9%，且呈逐年上升趋势。2019 年约有 45.5 万人哮喘问题死亡，多与哮喘长期控制不佳、末次发作时治疗不及时有关，但其中大部分是可预防的。我国已成为全球哮喘病死率较高的国家之一。

支气管哮喘以喘息、气促为主要临床症状，故属于中医"哮病"范畴，其主要病理环节是宿痰内伏，又因感受外邪或其他因素而诱发。历代中医医家对本病积累了丰富的治疗经验。《黄帝内经》虽无哮病之名，但有"喘鸣"的记载，与本病的发作特点相似。此后，还有"呷嗽""哮吼""齁䶎"等形象性的病名。《金匮要略》将本病称为"上气"，不仅具体描述了本病发作时的典型症状，提出了治疗方药，而且从病理上将其归属于痰饮病中的"伏饮"。元代朱丹溪《症因脉治》指出："哮病之因，痰饮留伏，结成窠臼，潜伏于内，偶有七情之犯、饮食之伤，或外有时令之风寒束其肌表，则哮喘之证作矣。"这说明导致宿痰内伏的原因有寒邪伤肺，痰饮内停气道；酸咸甘肥太过，酿痰蒸热，上干于肺；脾肾阳虚，气不化津，痰浊壅肺等。但造成哮喘发病必定兼有各种诱因，如风寒、饮食、情感、劳倦等引发其痰，以致痰气交阻，相互搏结，阻塞气道，肺气升降不利，而致呼吸困难，气息喘促，哮鸣有声。清代李用粹在《证治汇补》中指出："哮即痰喘之久而常发者，因内有壅塞之气，外有非时之感，膈有胶固之痰，三者相合，闭拒气道，搏击有声，发为哮病。"李用粹扼要地说明了壅塞之气、非时之感、胶固之痰为哮喘发作的三大主要环节。

廖老认为人生之呼吸出入升降，须往来不穷，调和不乱，然后能维系生命，保持健康。若有宿痰内伏于肺，再为六淫所贼，或七情所损，必使其气失其平和，升降乖戾，则发为哮喘、短气、气逆、息贲等种种危候。且支气管哮喘是病中之最急而动关生死之疾病也，盖气为生命之本源，精神之根蒂，喘息则根本动摇，危及生命。正如《素问·六微旨大论》谓："出入废则神机化灭，升降息则气立孤危。"轻者犹可缓图，重者情势危急，喘息欲绝，最令人惶惑，而莫知所措也。

1. 对支气管哮喘病因病机的认识

（1）其病在肺，不离脾肾

廖老认为，哮喘患者多是宿痰内伏日久，而宿痰内伏与肺、脾、肾三脏不足皆相关。脾主运化，有"脾为生痰之器"之说，若脾虚运化失职，则痰浊内生，上贮于肺；肾为人体阳气之根，主纳气，若肾精亏损，则摄纳无权，以致动则气促，呼吸困难；肺主气而司呼吸，若肺气虚弱，则腠理不固，卫外不牢，外邪则可乘虚而入，诱发肺气上逆，则痰随气升，痰气交阻，相互搏击，壅塞气道，导致肺气宣降失常，发为痰鸣气促。

（2）明辨寒热，分清阴阳

廖老认为，其病之发，或喘咳同作，或但喘而不咳，当病情严重时，往往虚实寒热混淆难分，辨证稍差，动成大错，故临症须慎重区分其寒热、阴阳。若其人素体阳虚，复受风寒外束，则为实寒；若其人病发于外邪袭表，痰从热化，则为实热；若其人素喜热而恶寒，痰清而易出，是为阳虚；若其人声哑而便秘，潮热盗汗，是为阴虚。临床辨证常需慎之又慎，一旦有误，悔之晚矣。

2. 治疗支气管哮喘的经验

廖老于临证之中，将本病分为四大证型进行治疗，常常效如桴鼓，而其精髓即在于要辨明寒热虚实。

（1）实寒证

外感风寒，邪袭于肺，外闭皮毛，内遏肺气，引动伏痰，肺卫为邪所伤，肺气不得宣畅，则气息喘促，痰鸣如吼。凡哮喘之属于实寒者，其症头痛，身痛，发热，恶风寒，无汗而喘咳，或不发热，倦怠嗜卧，脉象浮紧；又或咳嗽，喉痒，清涕，鼻塞等。治宜祛其外寒，涤其内饮。如小青龙汤（麻黄、白芍、桂枝、干姜、五味子、半夏、细辛、炙甘草），主治外感风寒，内停痰饮，咳嗽喘息，倚息不得卧，鼻塞流涕，舌白不渴，脉浮紧者；桂枝加杏朴汤（桂枝、炒白芍、大枣、生姜、炙甘草、厚朴、杏仁），治外伤风邪，头痛，自汗，恶风，或发热不渴，气喘急，脉浮缓者。

（2）实热证

哮喘之属于热者，症见咳逆上气，咽喉不利，口渴痰稠，舌苔黄腻，或体温升高，发热汗出，脉浮数洪大；又有咳嗽气逆，咽喉干痛，声音嘶哑，稠痰难出，面赤气粗等。若兼外邪者，治宜外祛其寒，内清其热，麻杏石甘汤主之（麻黄、杏仁、生石膏、甘草，主治喘咳息促，吐稀涎，内热外寒，脉洪数而口渴者）。无寒但热者，千金苇茎汤为良（生薏苡仁、冬瓜仁、桃仁、苇茎，主治胸中烦满，咳嗽喘急，口干痰浊，胸部隐痛，脉洪数者。）。

（3）阳虚证

哮喘长期反复发作，寒痰伤及脾肾之阳，脾虚不能化水谷为精微，上输养肺，反而积湿生痰，上贮于肺，影响肺气的升降；肾虚精气亏乏，摄纳失常，则阳虚水泛为痰，上注于肺，而致肺气出纳失司。故见咳嗽喘促，下半夜尤甚，气不能上，胸腹满闷，痰清多而易出；或冲气上动而呕恶，溏泄畏寒，夜溺频数，喜蜷卧，喘不抬肩，气不相接续；舌白不渴，脉细弱无神，或浮洪芤大，重按即无。宜加减肾气汤（自制验方：熟地、山萸肉、淮山药、茯苓、附片、上桂、牛膝、寸冬、龙骨、牡蛎、补骨脂、五味子、枸杞子、胡桃肉、紫石英），主治肾阳虚弱，咳嗽喘促，下半夜尤甚，气不能上，胸腹满闷，或面目四肢浮肿，夜不能卧，脉细弱无神或浮洪芤大、无根。此症最多，此方最效。

（4）阴虚证

痰热耗灼肺肾之阴，肺肾阴虚，虚火灼津成痰，壅塞于肺，而致肺气出纳失司。真阴亏损，症现咳嗽声哑，痰胶便秘，潮热盗汗，或咳吐脓血，气喘多在上半夜，脉弦细而数。宜加减麦味地黄汤（自制验方：熟地、茯苓、山萸肉、淮山药、牡丹皮、泽泻、麦冬、五味子、枸杞子、牡蛎、紫石英、龙骨、虫草）。主治咳嗽声哑，痰胶便秘，上半夜气喘不能平卧，或潮热盗汗，入暮尤甚，耳鸣目花，腰酸膝软，脉弦细、数者。

哮喘病，原因实繁，虽以上述四证为主要辨证方向，但却不仅仅四证，常有兼夹，故学者仍需博考方书，庶免偏执。

3. 病　案

病案1：陈某，男，57岁。1956年8月至9月住院治疗。

患者咳嗽咯痰，胸闷气喘10余年。今因感凉而发咳喘，较历次为剧；咳嗽气紧，痰不易出，入晚尤喘急难支，彻夜危坐，不能就枕，延时已久，服药无效；又增鼻衄，痰中带血，小便热，大便不利；脉弦细，微见滑数，舌尖红微燥。西医诊断为支气管哮喘。

诊断：支气管哮喘。

辨证：外寒内热，肺气闭郁。

治法：外祛其寒，内清其热。

处方：麻杏石甘汤：

麻黄3g	杏仁9g	白前根9g	紫苏根9g
薄荷3g	旋覆花5g	桔梗5g	炒枳壳3g
天花粉9g	白茅根15g	橘红5g	川贝母5g
冬瓜仁12g	生甘草3g		

二诊：3剂后，咳痰畅利，痰色黄稠，仍有气紧，头昏痛。

| 麻黄3g | 杏仁9g | 桔梗6g | 薄荷3g |
| 桑叶12g | 菊花9g | 瓜蒌皮12g | 苇茎15g |

白茅根15 g	冬瓜仁15 g	浙贝母9 g	枯芩9 g
生甘草3 g			

三诊：5剂后，头痛衄血皆消失。尚微有咳嗽气紧，痰黄稠。

枯芩9 g	桑叶12 g	杏仁9 g	枇杷叶12 g
浙贝母9 g	白茅根15 g	瓜蒌9 g	旋覆花5 g
牛蒡子9 g	冬瓜仁15 g	生甘草3 g	

5剂后，喘咳平复，眠食皆安，乃出院。

按语：此案由于外感风寒，内挟痰热，体温时高时低，气紧不能卧，内外纠结，而年老体衰，用药过辛则助热，过凉则闭邪，故用微辛微凉、轻可去实之法。平喘降逆散寒与辛凉同用，如麻黄、紫苏、薄荷、天花粉，寒尽则纯用清热平喘、止咳化痰之法而收功。

病案2：魏某，男，42岁。1957年8月至9月住院治疗。

病史：患者素咳嗽、咯痰、喘促5年。西医诊断为支气管哮喘。此次因遇凉而发，现已喘咳2周，发寒发热，服西药后，寒热解，喘咳如故；咳嗽痰稠而黄，喘声不止，通夜不眠，面目浮肿；脉浮滑而数。

诊断：支气管哮喘。

辨证：风热挟痰证。

治法：肃肺疏风，涤痰清热。

处方：桑白皮汤加减：

杏仁12 g	苏子霜12 g	瓜蒌12 g	法半夏12 g
桑白皮12 g	化橘红9 g	玄参9 g	川贝母9 g
生甘草3 g	茯苓12 g	枇杷叶15 g	信前胡9 g

二诊：5剂后，喘促大减，呼吸畅利，咳未全止。

炙紫菀12 g	炙白前12 g	桔梗9 g	寸冬9 g
丝瓜络9 g	苦杏仁6 g	炙百部9 g	京半夏9 g
竹茹6 g	化橘红6 g	枇杷叶18 g	川贝粉(冲)5 g

5剂后，诸症缓解出院。

按语：此案患者既往多年喘咳、咯痰病史，此次因受凉而发，且发病日久而寒病不解，郁而化热，痰热滞肺，微兼客邪，是以法用清轻以肃肺气，涤痰化热而安。故清热平喘用桑白皮，则喘哮大减；并以贝母、枇杷叶等润肺止咳；二诊时喘促大减，是痰热已清，但咳嗽未止，是气机未复，是以清轻润肺之品，润肺止咳，肃降肺气，终获全功。

病案3：向某，女，59岁。1957年9月住院治疗。

病史：患者咳嗽喘咳时愈时发已10余年。西医诊断为支气管哮喘。此次因感冒复喘，前日服药，外邪已解，仍喘咳不休。兼心悸怔忡，口不知味，喉中如水鸡声，两颧时发潮红，夜间潮热多汗，不能安眠。曾服地黄诸方无效。现仍发寒发热，吐痰亦冷，脉虚濡。

诊断：支气管哮喘。

辨证：阴虚证（肝肾阴虚）。

治法：补益肝肾，降逆平喘。

处方：加减麦味地黄汤：

生地18 g	首乌15 g	乌梅三枚	秦当归9 g
酸枣仁9 g	龙骨15 g	牡蛎30 g	五味子5 g
云母石24 g	沙苑子9 g	木瓜12 g	杭白芍15 g
枸杞子9 g	炙甘草6 g	茯神9 g	山萸肉9 g

二诊：5剂后，寒热自汗均大减，但咳喘未定，痰不易出。

生地18 g	首乌15 g	酸枣仁9 g	山萸肉9 g
龙骨15 g	牡蛎24 g	五味子5 g	枸杞子9 g
云母石24 g	玉竹12 g	百合12 g	川贝母9 g
炙甘草3 g	沙苑子9 g	杭白芍12 g	

三诊：5剂后，仅天明时微有热，喘咳均减，痰味咸，精神食欲转好，能下床自步。

熟地24 g	山萸肉12 g	淮山药18 g	茯苓9 g
牡丹皮9 g	泽泻9 g	寸冬12 g	五味子5 g
补骨脂9 g	胡桃肉18 g	龙骨18 g	牡蛎30 g
龟板18 g			

5剂后，潮热喘咳皆定，乃出院。

按语：患者咳喘十余年，复感外邪，发为喘咳寒热，汗出颧红，怔忡懒言。患者年高下虚，元气不敛，肝气外越，发为寒热（《中藏经》谓肝虚发寒热），乃阴阳枢纽不固，肝肾二气欲脱之象。徒用地黄无效，应敛肝气之脱，而寒热自退。用药除补益肝肾之外，加五味子、龙骨、牡蛎酸收固涩以防其外脱；用云母石降逆平喘，以防上脱。数剂而诸症平复，用药几无针对肺的平喘止咳药，对此病的辨证、用药之妙，非临床高手莫能为也！久病哮喘，时寒时热。两颧潮红，多汗，此等表现，最容易误认为少阳证、阴虚证，若辨证、用药稍微失误，则生死立见。

病案4：邓某，女，28岁。1959年11月住院治疗。

病史：患者反复哮喘2年。患者近2年，每年冬季夜间阵发性哮喘发作，咳嗽少痰，夜难就枕，呼吸困难。西医诊断为支气管哮喘。此次因受凉而发，昨夜喘咳较剧，气息欲绝，经注射西药仍喘数次，情况严重。脉细数。

诊断：支气管哮喘。

辨证：阳虚证。

治法：温阳补肾，纳气平喘。

处方：加减肾气汤：

熟地24 g	山萸肉12 g	淮山药18 g	茯苓9 g
牛膝9 g	枸杞子12 g	肉苁蓉12 g	五味子6 g
附片15 g	上桂3 g	紫石英24 g	云母石24 g
补骨脂12 g	胡桃仁30 g		

二诊：5剂后，喘咳大减，夜只发1次，尚头昏体倦。原方加杜仲15 g。

三诊：又5剂，喘息全止，终夜安眠。

首乌12 g	乌梅3枚	酸枣仁9 g	龙骨15 g
牡蛎30 g	五味子6 g	茯苓9 g	沙苑子9 g
桂圆肉12 g	杭白芍12 g	熟地18 g	枸杞子12 g
山萸肉9 g	炙甘草9 g		

连进5剂，诸症平复，精神倍增，乃出院。

按语：此案病人每于冬季夜间阵发哮喘，乃是典型肺肾阳虚，廖老用加减肾气汤法，温阳补肾，纳气平喘，5剂后夜间频发的哮喘控制得当，再与杜仲补肾强筋，复其元气，使得喘息全止，再与敛肺补肾纳气之药，终使诸症皆平，而精神亦复如常。三诊之中所用药物除云母石有降逆平喘作用外，余药几乎不具备降逆平喘之功。其绝妙之处在于调整脏腑功能耳。叶天士谓："喘之虚者，治在肾。"但虚有阴虚、阳虚之别。前例为阴虚之喘，药用甘寒，此例乃阳虚之喘，法用甘温，症状相似而其因不同，故治法亦略异。

四、对关节炎的认识和治疗

关节炎，属于中医痹证范畴。痹证为一类病变的总称，是指由于人体营卫气血失调，腠理疏松，风、寒、湿、热等外邪单独或合并为患，或由于日久正虚，内生痰浊、瘀血、毒热等，正邪相搏，脏腑四肢失于濡养，出现肢体、关节、肌肉的疼痛、肿胀、酸楚、麻木、重着、僵硬等不适，甚则关节变形、活动受限、内脏受累等，包括了现代医学所称的大部分骨关节病、结缔组织病和自身免疫性疾病，如风湿热、类风湿性关节炎、慢性风湿性关节炎、膝关节滑囊炎、肩关节周围炎、系统性红斑狼疮、硬皮病、皮肌炎、强直性脊柱炎等。据世界卫生组织统计，2019年，全世界约有5.28亿骨关节类疾病患者。55岁以上的人群患病率为73%，60岁以上的中老年人，几乎都患有不同程度的骨关节疾病。骨关节疾病成为继心脑血管疾病、癌症、糖尿病"三大杀手"外，对人体危害最广泛的问题。痹证发病率高，病因复杂，病情多变，治疗难度较大，中医学以其疗效高、副作用小、治疗方法简单且易行而备受青睐。

中医对痹证已有数千年的研究，中医又有"痹""痹病""痛风""风湿""历节"等称呼，认为其病因有内因和外因之分，内因包括禀赋不足、饮食所伤、劳逸失调、情志失调及痰瘀痹阻等，外因包括感受风寒湿邪、感受热邪、环境影响等。中医治疗在于辨证论治，思考角度不同，证型或有差异，目前通常将痹证分为风寒湿痹、风湿热痹、痰瘀痹阻型痹证及肝肾两虚型痹证，以祛风散寒、除湿通络，清热通络，祛风除湿；化痰行瘀、蠲痹通络和培补肝肾、舒筋止痛为主要治则。

廖老认为痹证病因繁多，病情复杂，多有器质损害，治疗较为棘手。历代医家对之研究众多,对之已有较为深刻的认识,比如"风寒湿"是其基本病机要素,久病者具有"本虚标实"的特点,等等。同时,各医家在治疗上亦是各有看法、法理各异,不过效果尚待提高。廖老认为痹证患者来诊时,多已病程日久、病情复杂严重,治疗时应首分虚实,再别阴阳,明确其虚实偏重后确定攻补主次,不宜一味攻邪,或一味扶正,应根据患者病情变化,随证调整攻与补的力量,方能得到更佳的治疗效果。

1. 对关节炎病因病机的认识

廖老认为外伤实痹、内伤虚痹自有不同,实痹者分寒痹、热痹,虚痹者分气血虚痹、阴血虚痹。

（1）寒痹

外感寒邪而病,"血得寒则凝泣",寒性凝滞,血脉不通,气血郁滞,肢体不荣,再则寒主收引,肢体疼痛拘急,痉挛不舒。临床可见肢体关节冷痛,屈伸不利,遇冷更甚,得热稍减,局部皮色不红,触之不热,或可兼有恶风畏寒,脉沉迟。

（2）热痹

外感火热之邪或他邪入里化热而病,《素问·痹论》云:"其热者,阳气多,阴气少,病气胜,阳遭阴,故为痹热。"临床可见肌肉关节红肿热痛,痛处喜凉恶热,如若火热邪盛,色赤入心,伤津耗液,或可伴有身热、口渴、汗出、便干、红斑、脉数等。

（3）气血虚痹

《医学入门·痹风》曰:"痹属风寒湿三气入侵而成,然外邪非气血虚而不入。"景岳云:"风痹之症,因虚者多,唯气血不足,故风寒得乘虚而入。"气血不足,则外邪得侵,正虚不能驱邪外出,久病则再伤正,气血耗损,正虚邪恋,恶性循环。病则肌肤失养、筋骨失润,临床可见关节肌肉酸痛,伸缩不利,动后加剧,久则肢体麻木、肌肉萎缩、关节变形,常兼有气短懒言、语声低微、心悸自汗、面黄少华、脉细弱等。

（4）阴血虚痹

丹溪云:"此症多由血虚受热,其血已自沸腾,或加之涉水受湿,热得寒,污浊凝滞，不得运行，所以作痛。"肝肾阴液亏损，阴虚火旺，煎熬血液，如若再遇外邪，两相搏结，阻滞经络，筋脉失养，发而为病。临床可见关节肌肉酸楚疼痛，甚则筋肉挛缩，屈伸不利，局部肿胀、僵硬、变形，夜重昼轻，或可伴口干烦热、肌肤不仁等，舌赤少苔甚则无苔，脉象细数。

2. 治疗关节炎的经验

在关节炎的治疗上，廖老合历代医家学说，汲取各医家的经验，取长补短以应用于临床治疗，同时又在临床治疗中总结出独到心得。

热痹，廖老用加减木防己汤（吴鞠通方）治疗，治疗中随症加减，如若游走作痛者，酌加桂枝、桑叶；痛甚者，酌加姜黄、海桐皮；肿者，酌加苍术、萆薢、滑石；汗多者，酌加黄芪；挟痰者，酌加半夏、厚朴、广陈皮。

寒痹者，廖老用桂枝附子汤、麻辛附子汤之属治疗，对于寒痹重极者，廖老用乌头汤治疗，廖老曾单用附片一两浓煎，治疗此证获捷效。

热痹、寒痹为痹证常见证型，历代医家在其治疗上经验丰富，廖老汲取前人经验治之，同时，他认为痹证病久，虚者不乏少数，亦应引起重视。廖老通过对虚痹的治疗经验的总结，自制验方，颇有独到之处。

气血虚痹者，症见四肢萎软不利者，廖老用大防风汤（人参、白术、茯苓、熟地、秦艽、川芎、肉桂、白芍、黄芪、羌活、牛膝、杜仲、附子、炙甘草）治之。《太平惠民和剂局方》以此方治痢后脚软痛，不良于行，或两脚肿痛，脚胫枯细，名曰"鹤膝风"，及一切麻痹萎软之症。廖老用之于气血虚痹，或病久气血不足者收效显著。

阴血虚痹者，廖老自制养阴通络汤以滋补肝肾，养筋通脉，用于肝肾阴虚，筋脉不荣，甚则虚火煎熬而致的痹证。养阴通络汤由细生地、秦艽、杭白芍、女贞子、墨旱莲、西洋参、牡丹皮、二冬、续断、菟丝子、桑寄生、牛膝、黑豆、阿胶、大枣、猪蹄筋组成，方选细生地、女贞子、墨旱莲、续断、菟丝子、桑寄生、牛膝等补益肝肾，并有杭白芍、西洋参、二冬等柔肝养阴，共起滋补肝肾，养筋通脉之功。

半虚半实之关节炎，或见半身关节屈伸疼痛，或左或右、或上或下者，廖老自制温经通络汤以治之，温经通络汤由桂枝、炒白芍、当归尾、川芎、黄芪、鸡血藤、石楠叶、秦艽、防风、炙甘草、木瓜（阳虚者，酌加附片）组成。方用桂枝、黄芪、炒白芍、当归尾、鸡血藤、石楠叶、川芎、炙甘草温经活血，并以秦艽、防风、木瓜舒筋活络，共起温经通络之效。

3. 病　案

病案 1：罗某，男，25 岁。1958 年 8 月住院治疗。

病史：患者体温 39.5℃，自诉头痛而重，身热汗出，四肢剧痛，关节痛尤烈，手不能握，四肢强直，不能屈伸；口苦溺赤，夜吟不眠；舌红苔黄，脉浮数。病属风湿热痹也。拟清热祛湿，通络止痛，西医用青霉素肌肉注射。

诊断：痹证。

辨证：风湿热痹。

治法：清热祛湿，通络止痛。

处方：加减木防己汤：

杏仁 12 g	防己 9 g	滑石 15 g	蚕沙 12 g
茯苓皮 15 g	薏苡仁 15 g	通草 9 g	石膏 18 g
桑枝 24 g	全蝎 9 g	萆薢 9 g	松节 9 g
苍术 9 g	焦黄柏 6 g	丝瓜络 9 g	甘草 3 g

二诊：2 剂后，头昏及关节疼痛已减，又增鼻血，彻夜不能眠，屡注射青霉素，身热汗出不退。此阴液早亏，肝阳风升，法当清肝息风，育阴潜阳，予以龙牡复脉汤加减。

生地 30 g	生杭白芍 24 g	寸冬 18 g	火麻仁 18 g
生甘草 9 g	阿胶 12 g	龟板 18 g	牡蛎 24 g
鳖甲 15 g	羚羊角（冲）12 g	菊花炭 12 g	桑叶 12 g
鲜石斛 30 g			

三诊：7 剂后血止，身热渐退，但周身疼痛尚剧，四肢及手指仍不能屈伸，汗出仍多。此阴虚而血络阻滞，闭而不通也，法当养阴通络，予以养阴通络汤加减。

| 生地 30 g | 寸冬 18 g | 沙参 30 g | 玉竹 24 g |
| 鲜石斛 30 g | 杭白芍 24 g | 桑枝 30 g | 松节 15 g |

当归须 9 g	橘络 9 g	丝瓜络 9 g	木瓜 12 g
血藤胶 12 g	乳没各 9 g	红花 6 g	蚕沙 9 g
菊花 12 g	桑叶 12 g	牡蛎 24 g	

四诊：上方加减 7 剂后，体温已正常，汗止；手指已能活动，四肢关节勉强能屈伸，夜能安眠；疼痛大减，小便转清，唯肢体软弱，举动无力，不能行步。此为阴血大亏也，予养阴通络汤加减。

生地 30 g	杭白芍 15 g	秦艽 12 g	枸杞子 12 g
肉苁蓉 12 g	沙参 30 g	寸冬 18 g	玉竹 18 g
菊花 12 g	橘络 9 g	木瓜 12 g	杜仲 18 g
牛膝 9 g	鹿角胶 12 g	桑枝 30 g	骨碎补 12 g
松节 12 g	伸筋草 12 g	鸡血藤膏 15 g	

上方随时各有加减，10 余剂后，疼痛全消，屈伸自如，步履如常，痊愈出院。

按语：患者高热，四肢关节剧痛，四肢强直，不能屈伸，并有头痛而重，身热汗出，口苦溺赤，夜吟不眠，舌红苔黄，脉浮数，予以加减木防己汤清热祛湿、通络止痛。2 剂后患者疼痛即减，但身热不退，并出现鼻血、彻夜不眠，为阴血亏虚，肝阳风动，故调整治法为清肝熄风、育阴潜阳，方选龙牡复脉汤，用生地、生杭白芍、寸冬、生甘草、阿胶、龟板、鳖甲、鲜石斛滋养阴血，牡蛎、羚羊角、菊花、桑叶清肝熄风，患者血止，身热渐退，但身痛仍剧，故调整方中补虚及攻邪的力量，加以松节、当归须、丝瓜络、红花、蚕沙等活血通络，待得邪气大去，正气亦伤，肢体萎软，故最后予以养阴通络汤加减以滋液润燥，强筋健骨收功。

病案 2：詹某，男，27 岁。1964 年 11 月住院。

病史：患者两腿腰膝疼痛 5 年。近年腰膝疼痛加剧，肘腿发麻，刺痛，腰不能俯仰，腿不能屈伸，彻夜不寐，呻吟不止，舌淡苔薄，脉沉迟。

诊断：痹证。

辨证：风寒湿痹。

治法：温阳散寒，祛风除湿，通络止痛。

处方：羌活胜湿汤加减：

羌独活各 9 g	秦艽 6 g	桑枝 24 g	仙茅根 9 g
乳没各 5 g	威灵仙 9 g	五加皮 9 g	桂圆 9 g
川草乌（先煎）各 6 g		海桐皮 9 g	木瓜 12 g
薏苡仁 18 g	炙甘草 6 g	炒杜仲 15 g	续断 9 g

二诊：2 剂后，各部疼痛大减，尚游走作痛，汗出不多，仍宗原法。

羌独活各 5 g	防风 9 g	秦艽 9 g	红花 6 g
秦当归 12 g	赤芍 9 g	桑枝 24 g	木瓜 12 g
千年健 12 g	杜仲 15 g	松节 12 g	海桐皮 15 g
生薏苡仁 18 g	续断 12 g	茯苓 15 g	

10 剂后，各症益减，四肢活动如常。仍用原方加减，又数剂遂痊愈出院。数年沉疴，遂获疗效。

按语：患者双侧腿腰膝疼痛，肘腿发麻，刺痛，脉沉迟，为风寒湿痹，予以温阳散寒，祛风除湿，通络止痛，方用羌独活、秦艽、桑枝、威灵仙、五加皮、海桐皮、木瓜、薏苡仁等祛风除湿止痛，乳香、没药活血止痛，川草乌祛风散寒止痛，炒杜仲、续断、仙茅根温补肝肾，攻补兼施，以攻为主，风寒湿邪得去，疾病乃愈。

病案 3：毛某，男，26 岁。1964 年 11 月住院治疗。

病史：患者四肢强直厥冷，全身疼痛，不能转侧，病已三天。但疼痛如故，四肢厥冷，不能屈伸；面色苍白，精神疲倦，头昏重而痛，呕吐，脘腹作痛，短气懒言，畏冷无汗，体温 36℃，脉沉细迟。

诊断：痹证。

辨证：阳虚寒湿。

治法：温阳散寒，除湿通络。

处方：麻辛附子汤加减：

麻黄 18 g	细辛 3 g	附片（先煎）12 g	潞党参 24 g
白术 18 g	干姜 18 g	炙甘草 18 g	

二诊：1 剂后，四肢温暖，头昏呕吐全止。肢体略见活动，食欲增加，脉象转好，唯汗未透，体仍重痛。拟温阳散寒，祛风除湿，通络止痛法。

川草乌（先煎）各 6 g	羌独活各 6 g	仙茅 9 g

五加皮 9 g	秦当归 12 g	桑枝 30 g	桂圆 9 g
木瓜 9 g	秦艽 9 g	薏苡仁 18 g	牛膝 9 g
杜仲 12 g	威灵仙 9 g	赤芍 9 g	

10 剂后全身关节疼痛均止，一切恢复正常出院。

按语：患者以四肢强直厥冷，全身疼痛，不能转侧为主要表现，但体温 36 ℃，并伴有面色苍白，精神疲倦，短气懒言，畏冷无汗，头昏重而痛，呕吐，脘腹作痛，脉见沉细迟，为阳虚外感寒湿成痹，且阳虚在于脾肾，故用麻黄细辛附子汤温肾阳散寒湿、理中汤温脾阳化寒湿，两者温脾肾、散寒湿，脾肾阳虚得补，寒湿得除，故而一剂见效。继而加强祛湿通络的力量，用羌独活、五加皮、桑枝、秦艽、薏苡仁、木瓜、威灵仙、川草乌等祛风除湿止痛，终而获效果。

病案 4：陈某，女，52 岁。1963 年 12 月门诊治疗。

病史：患者四肢关节疼痛不可忍，不能屈伸转动，日轻夜剧。病已半月，曾服祛风除湿之剂无效。舌淡苔白腻，脉右浮弦急，左沉弱。

诊断：痹证。

辨证：阳虚寒湿。

治法：温阳散寒，除湿通络。

处方：乌头汤加减：

| 制川乌（先煎）9 g | 麻黄 6 g | 桂枝 9 g | 炒白芍 9 g |
| 怀黄芪 18 g | 牛膝 9 g | 炙甘草 3 g | |

二诊：2 剂后，痛渐减，但屈伸不利如前，形衰气弱，面白懒言，脉仍弱小。表邪已解，但宜温补，兼予通络，故予以十全大补汤加减：

潞党参 18 g	白术 15 g	炒熟地 15 g	当归 12 g
茯苓 12 g	川芎 3 g	红花 3 g	肉桂 3 g
黄芪 15 g	炙甘草 9 g	杭白芍 9 g	羌独活各 3 g
川乌（先煎）6 g			

7 剂后，四肢挛痛完全消失，屈伸自如。嘱其以上药泡酒服，未半已痊愈。

按语：患者以四肢关节疼痛剧烈，不能屈伸转动，日轻夜剧为主要表现，舌淡苔白腻，脉右浮弦急，左沉弱，且曾服祛风除湿之剂无效，为素来体虚，关节失于温养，外感寒湿而成痹，先用乌头汤加减祛其表邪，方用制川乌、麻黄、桂枝散寒止痛，并黄芪、炙甘草益气温阳，炒白芍、怀牛膝补益肝肾，表邪已解，故而温补为主，而用十全大补汤加减以治之，方用潞党参、茯苓、白术、炒熟地、当归、杭白芍、川芎、红花、肉桂、黄芪、炙甘草等大量温补之药温阳补虚，辅以羌独活、川乌散寒止痛，最终痊愈。

廖老强调在痹证的治疗中，应区分虚实，攻补各有侧重，抓住病机，辨证论治，根据病情及时调整用药，便可获得较为显著的治疗效果。

五、对神经衰弱的认识和治疗

神经衰弱，是一种由于大脑皮层兴奋、抑制失衡而引起的神经系统功能性疾病，表现为精神容易兴奋或脑力容易疲乏，如神经敏感、怕光怕声、焦虑紧张、激动易怒、心慌出汗、失眠多梦，或者精神欠佳、困倦疲乏、头晕脑涨、注意力不集中、记忆力下降，甚则食欲下降、消化不良、遗精早泄、月经不调等。三分之二的病人有明显的焦郁症，但其焦虑抑郁轻微，情绪以烦恼与紧张为特性。据精神疾病流行病学调查，女性患病明显高于男性。随着生活、工作压力不断加大，神经衰弱发病率将呈明显上升趋势。神经衰弱严重影响患者生活质量，治疗难度大、效果差，增加社会负担，阻碍经济发展。

神经衰弱在中医学属百合病、不寐、郁证、狂躁等情志病范畴，中医虽无神经衰弱病名，但历代医家对之均有深入的探索、研究，各有思考角度及治疗方向。目前广泛认为，神经衰弱的病机主要为：肝气郁结、痰热内扰、阴虚火旺、心脾两虚，主要治疗原则为疏肝解郁，理气化痰；清热化痰，和中安神；滋阴清热，宁心安神；健脾益气，养心安神。

廖老认为，神经衰弱为虚病，非一日之病，非一药数日即可治愈。廖老认为神经衰弱病在于心之气血不足，以虚为主，或心气不足，或心血不足，治疗当首辨阴阳，阴虚者予滋阴养心，宁心安神；阳虚者予温补阳气，调和肝风，治疗重点在于调补心肝气血阴阳，以心为中心，旁及肝胆脾肾，而非仅仅重镇安神，方可见效。

1. 对神经衰弱病因病机的认识

（1）神经衰弱在于心之气血不足

"心者，君主之官，神明出焉""主不明，则十二官危矣"，心血旺盛，心气充沛，主明则下安，各脏腑各司其职，气机条畅，阴血荣润，阴阳调和，则能神清智明，神采奕奕。

心之气血不足，神藏无舍，脏腑无主，功能失司，则神明欠安，七情失统，万机不酬，发为失眠、记忆减退、精神萎靡，或神志不宁、心悸怔忡、恐惧不安等精神衰弱之症。正如"心怵惕思虑则伤神，神伤则恐惧自失，破䐃脱肉，毛悴色夭"。

（2）神经衰弱责之于心，肝胆脾肾相关

神经衰弱在于心之气血不足，或阳虚，或阴虚。神经衰弱患者，或有消化不良、神疲气短、性欲减退，或有烦躁易怒、头晕目眩、肢体瘈动，故而可见，神经衰弱虽责之于心，但与肝胆脾肾相关，如若据患者不同表现，随证治之，兼顾脾肾肝胆，必能全效。

2. 治疗神经衰弱的经验

廖老认为，神经衰弱在于心之气血不足，与肝胆脾肾相关，总的来说，神经衰弱在于虚，或阳虚或阴虚，故而治疗时当先辨阴阳，各有治法。

阳虚者，以神经抑制症状为主，如精神萎靡、困倦疲乏、反应迟钝、记忆减退、四肢痿废，脉细而弱或脉大无力等。正如"心气少者，其人多畏，合目欲眠，梦远行，精神离散，魂魄妄行"。当治以温补阳气，调和肝风。

阴虚者，以神经亢奋症状为主，如神志不宁、心悸怔忡、恐惧不安、失眠易惊、头晕眼花、肌肉蠕动，脉细而数等。正如"健忘失眠，惊悸不安，心内懊侬不宁者，心血少也"。当治以滋阴养心，宁心安神。

（1）阳虚——温补阳气，调和肝风

廖老认为神经衰弱阳虚型，在于心气不足，法应温补阳气，调和肝风，自制补神汤以治之。补神汤由制首乌、桂圆肉、龙骨、当归、熟地、炒枣仁、炒白芍、沙苑子、枸杞子、炙甘草、山萸肉、牡蛎、木瓜、五味子组成。阳虚甚者，加附片、肉桂。

方用附片、肉桂、炙甘草温心脾肾之阳气，制首乌、桂圆肉、熟地、当归、炒白芍、山萸肉、沙苑子、枸杞子、五味子养心肝之血、调和肝风，龙骨、牡蛎、炒枣仁安魂定魄，待得心气充沛，则神经衰弱得治。

（2）阴虚——滋阴养心，宁心安神

廖老认为神经衰弱阴虚型，在于心血亏虚，法应滋养心血，宁心安神，自制清神汤以治之。清神汤由生熟地、二冬、生杭白芍、牡丹皮、制首乌、柏子仁、远志肉、枸杞子、炒杭菊、牡蛎、茯苓、龟板、生龙骨、石决明、酸枣仁组成。

方用生熟地、二冬、生杭白芍、枸杞子、牡丹皮、炒杭菊滋养心肝，并清虚火，再有制首乌、远志肉、茯苓、牡蛎、龟板、生龙骨、石决明、酸枣仁、柏子仁宁心安神。待得心血旺盛，心神得宁，则神经衰弱能愈。

3. 病　案

病案1：孙某，男，45岁。1957年9月11日初诊。

病史：患者常苦头目眩晕，不能工作，夜多噩梦，记忆毫无，心中烦乱，大便秘结，如遇天时冷时热，则头痛立发。近来各恙加剧，时有衄血，面部时而发热，脉细数。

诊断：神经衰弱。

辨证：阴虚火旺，心神不宁。

治法：滋阴养血，宁心安神。

处方：清神汤加减：

大生地24 g	炒枣仁12 g	朱茯神12 g	生龙齿24 g
远志4.5 g	原麦冬15 g	夜交藤30 g	生杭白芍18 g
火麻仁12 g	菊花炭9 g	二蒺藜各9 g	牡丹皮9 g

二诊：3剂后，衄血止，头晕大减，夜能安眠五六小时，且无梦忧，仍守原法。

数剂后各恙皆愈，遂参加工作。

按语：患者以头目眩晕、夜多噩梦、记忆减退、心中烦乱、大便秘结，时有衄血，面部时而发热，脉细数，为神经衰弱阴虚型。廖老选择清神汤加减，方用生地、麦冬、生杭白芍、牡丹皮滋养心肝，再有茯神、远志、夜交藤、生龙骨宁心安神。心血得以滋养，故而药到病除。

病案 2：骆妇，46 岁。1959 年 4 月 20 日初诊。

病史：数年来，患者常苦头目眩晕而痛，西医诊断为神经衰弱。用脑稍久，眩晕尤甚，气短神疲，心悸怔忡，手足发麻，腿酸懒动，经常失眠；咳嗽痰多，食欲不振；手足心发烧，夜间尤甚；面色苍白，形容憔悴，脉细弱。

诊断：神经衰弱。

辨证：心阳不足，气血两虚。

治法：温阳补血，安神定志。

处方：补神汤加减：

潞党参 18 g	首乌 18 g	桂圆肉 15 g	杭白芍 12 g
龙骨 24 g	熟地 18 g	酸枣仁 12 g	秦当归 9 g
制附片（先煎）9 g	远志 6 g	牡蛎 30 g	白术 12 g
炙甘草 6 g	茯神 12 g		

二诊：5 剂后，头昏痛大减，怔忡亦宁，咳痰止，睡眠安，再予温养，原方加减，加黄芪，去龙牡。

前方连服 10 剂，诸恙消失，面色红润，精神焕发，痊愈。

按语：患者以头目眩晕而痛，心悸怔忡，手足发麻，腿酸懒动，失眠，咳嗽痰多，手足心发烧，夜间益甚，脉细弱，为神经衰弱阳虚型。廖老选择补神汤加减，方用制附片、潞党参、白术、炙甘草、茯神、黄芪温养心脾肾阳气，首乌、桂圆肉、杭白芍、熟地、秦当归养血，龙骨、酸枣仁、远志、牡蛎安魂定魄，故而得效。

神经衰弱以一系列精神症状为主，兼有脾肾肝胆不同表现。廖老认为，神经衰弱责之于心，分为阳虚、阴虚两型。廖老自制补神汤、清神汤，或温补阳气，调和肝风，或滋阴养心，宁心安神，治心之时，兼顾脾肾肝胆，收效显著。在神经衰弱的治疗上，放弃以镇心安神为主要治则，而在调补心脏气血的同时辅以宁心安神、安魂定魄以助心神，在治疗上反而获得更好的疗效。

六、对斑疹的认识和治疗

斑疹，是一种以斑、疹或二者同时出现的皮肤疾病，多病程长、病情复杂、病势反复，为难治性皮肤病。相当于西医学麻疹、风疹、荨麻疹、药疹、猩红热、流行性斑疹伤寒、过敏性紫癜等一系列传染病、血清病及过敏性疾病。

斑疹，中医又称之为瘾疹、风疹、湿疹、紫斑，认为与先天禀赋、人体素质、气候变化、食物虫邪、外感邪气等相关，论以风热、湿热、血热、阴虚为多，治以消风、清热、祛湿、养阴为主。

中医在于辨证论治，阴阳五行、脏腑经络、营卫气血，各家学说纷纭，考虑角度不同，证治或有所异，各家各有其法，各有其长。

《医学正传》有言："《黄帝内经》曰：少阴所至为疡疹。夫少阴所至者，言君火有余，热令大行，戊子戊午之岁也。在人则心主之心火太过，则制己所胜而烧烁肺金。盖肺主皮毛，故红点如蚤之状，见于皮肤之间，心火侮而乘之之色也，名曰瘾疹；或伤寒温热病而发斑斑如锦文者，名曰发斑，皆热毒之所致也。"认为心火旺盛，灼伤肺络发于皮肤而成瘾疹，伤寒温热病热毒炽盛发为斑。

《素问病机气宜保命集·小儿斑疹论第三十一》论曰："斑疹之病，其状各异，疮疹发肿于外，属少阳三焦相火，谓之斑，小红，靥行于皮肤之中不出者，属少阴君火也，谓之疹"。认为斑在于相火，疹在于君火，均为火热之毒而成。

《石室秘录》云"人有一附身热，即便身冷，而满体生斑如疹者，乃火从外泄，而不得尽泄于皮肤，故郁而生斑"，则认为斑疹在于郁，余热不尽，郁滞于皮肤而成。

《医方考·斑疹门第九》云"无热不斑，无湿不疹，此二言者，斑疹之大观也。其致疾之由，则风、寒、暑、湿之殊；辩证之法，则有表里虚实之异"，认为热与湿为斑疹基本病机要素，但应区分风寒暑湿之因，分别表里虚实，随证治之。

《诸病源候论》云"邪气客于皮肤，复逢风寒相折，则起风骚瘾疹"，"夫人阳气外虚则多汗，汗出当风，风气搏于肌肉，与热气并，则生痦瘰"，认为外感风寒、阳虚受邪均可致，并非仅风、热、湿而已。

舒驰远云"风疹者俗名也，盖为阳虚受湿，火衰作痒，法当助阳驱湿，医家不得其传，用消风解热之剂，致真阳愈虚，不能御邪"，认为风疹不仅仅在于风热，或在于阳虚有湿，应助阳驱湿方可取效。

廖老认为斑疹历来为难治之病，历代医家均有研究，法理各有特点，但往往不能取得很好的疗效，病本缠绵难治是其一，或亦是因为认识稍有片面之故。廖老认为斑疹难治，病情复杂，是因其病因繁多、病机复杂，并非仅仅风热、湿热而已，斑疹有实有虚，各有不同，不能仅用清热祛风之剂，考虑全面才能对证论治。

1. 对斑疹病因病机的认识

在斑疹的治疗中，廖老对不同患者的病情变化、治疗反应及效果预后的观察，总结出了斑疹的六种病因病机，实者有三，虚者有三，认为斑疹虽大多在风在火，但并不仅此而已，其有虚实阴阳，辩证之时首当辨之。

（1）斑疹实证

风湿疹是由于外感风湿，邪气阻滞，气血运行不畅而发。斑疹常隐隐于皮肤，风盛者疹红，发无定处，痒不可忍，湿盛者疹白，搔破常渗水湿，脉见浮大而缓。

风热疹是由于风、热二邪相合为患，或素体热盛，复受风侵，风热之邪搏于肌肤，窜入血络，气血失调而发。斑疹常多发于春夏，皮肤骤出红色瘙痒斑疹，遇热加重，得冷则减，搔破无水无血，或伴有身热、咳嗽、头痛等风热表证，脉象浮数。

温毒疹是由于外感温毒，温热邪毒，伤血络、迫血行，血溢脉外而发。斑疹常疹色红赤，甚则发紫，搔之出血，或自溃出血，或伴鼻齿衄血，血尿血便，甚则里急后重，便见脓血，脉见洪数。

（2）斑疹虚证

阴虚血燥疹是由于阴虚火旺，血燥生风，风火相煽而发。斑疹常疹色红赤，奇痒难受，入夜尤甚，伴有潮热盗汗，五心烦热，肌肤干燥，舌光无苔，脉象细数。

气血亏虚疹是由于先天禀赋不足或素体气血亏虚，卫外不固，风邪承袭，或气血亏虚，虚风内生，风邪郁于肌表而发。斑疹常于劳累后发生，延续数月或数年，伴有伴神疲乏力，气短懒言，面色无华，脉濡细或沉细。

阳虚疹是由于真阳素亏，卫表失固，腠理疏松，湿邪乘虚袭人，搏结气血，气血郁阻，从肌肤而发。斑疹多为白疹或淡红，奇痒难忍，夜暮为甚，服用清凉药，症状不减反增，脉弱小。

2. 治疗斑疹的经验

廖老认为斑疹治疗，应首辨虚实阴阳，治当有清有补，非消风清火而已。因斑疹实证者为多，历代医家对之研究已然众多、经验丰富，廖老汲取众家之长以治之，而对于斑疹虚证者，廖老认为虽为少见，但不能忽视，妄用清热祛风之剂，不仅疗效差，更易导致疾病变化，成为难治之症。

风湿疹，旨在祛风除湿，廖老常使用《医宗金鉴》中所记羌活散治疗：羌活、前胡、薄荷、防风、川芎、枳壳、桔梗、赤茯苓、生姜、蝉蜕、连翘、甘草。

风热疹，旨在加疏风清热，廖老常使用《医宗金鉴》中所记加味消毒饮治疗：防风、荆芥、牛蒡子、甘草、犀角、连翘、薄荷、黄芩、黄连。

温毒疹，旨在清热凉血止血，廖老常使用吴鞠通方清营汤治疗：犀角、丹参、元参、金银花、竹叶心、黄连、连翘、寸冬、生地。

阴虚血燥疹，旨在养阴凉血止血，廖老常使用当归六黄汤之属，而对于阴虚风动、灼伤血络而成斑疹者，常常效果欠佳，廖老自制滋阴熄风汤以治之：生熟地、山萸肉、淮山药、牡丹皮、二蒺藜、菊花炭、桑叶、龙齿、杭白芍、火麻仁、制首乌、石决明、牡蛎、秦当归。方用生熟地、山萸肉、淮山药、制首乌、秦当归、杭白芍滋阴养血，牡丹皮、菊花炭、桑叶清热，蒺藜、石决明、龙齿、牡蛎等平肝熄风，共起滋阴熄风之效。

对于气血亏虚疹，旨在益气养血，廖老自制加味归脾汤以治之：潞党参、白术、茯苓、黄芪、秦当归、桂圆肉、酸枣仁、远志、五味子、防风、紫荆皮、炙甘草。在归脾汤基础上，加用紫荆皮活血通经、消肿解毒，防风祛风除湿等，共起益气养血、祛风除湿之效。对于脾虚发热者，酌加牡丹皮、炒栀子；兼阳虚者，可酌加肉桂、五味子、龙骨、牡蛎。

对于阳虚疹，廖老认为阳虚疹最易被忽略误作其余疹而予以清热祛风之剂，不仅治疗无效，往往加重病情，或使病情复杂难治。廖老选择舒驰远的助阳除湿汤来治疗此型斑疹：黄芪、白术、附片、干姜、半夏、枳壳、茯苓、甘草。方用黄芪、白术、附片、干姜益气温阳，半夏、枳壳、茯苓行气除湿，待得患者阳气得复，湿气得除，斑疹乃愈。对于肾阳不足者，还可以选用八味地黄汤补肾固本，助阳除湿：附片、肉桂、熟地、山萸肉、茯苓、牡丹皮、泽泻、山药。

除口服中药，廖老还常使用洗方外洗斑疹，洗方具体如下：五倍子、苦参、蛇床子、明矾、川椒、大葱。以此方煎水洗疹，连洗数次，止痒效奇。

3. 病　案

病案1：王某，男，17岁。1957年5月住院治疗。

病史：患者四肢臀部出现紫色红斑半个月，臀部尤多，汗后更甚，压之不褪色。西医诊断为过敏性紫斑。左乳部有硬块，如枣大，按之痛；胸腹时有隐痛，大便时黑时黄，口不渴；舌质红，苔薄黄，脉细数。

诊断：斑疹。

辨证：阴虚血燥。

治法：养阴凉血止血。

处方：滋阴熄风汤加减：

生地 24 g	地榆炭 12 g	丹参 12 g	荷叶半张
牡丹皮 12 g	元参 12 g	仙鹤草 24 g	牡蛎 18 g
茜草根 12 g	墨旱莲 12 g	女贞子 12 g	

二诊：上方服6剂，其疹仍时起时伏，法宜滋阴养血，清热凉血止血。

生地 24 g	杭白芍 12 g	当归 4.5 g	枯芩 9 g
角参 12 g	牡丹皮 12 g	侧柏炭 9 g	仙鹤草 24 g
茜草根 12 g	丹参 12 g	阿胶 12 g	牡蛎 18 g
金银花 15 g	连翘 9 g		

三诊：2剂后，紫斑已将消尽，未再发，口尚干，诸症皆退，继续前方加减，以善其后。

枯芩 9 g	生地 24 g	杭白芍 12 g	当归 4.5 g
丹参 12 g	角参 12 g	侧柏叶 12 g	仙鹤草 24 g
茜草根 12 g	阿胶 12 g	牡丹皮 12 g	牡蛎 18 g
寸冬 18 g	金银花 9 g	墨旱莲 18 g	

上方连服7剂，斑疹全消，不再后发，痊愈出院。

按语：患者斑色紫红，汗后更甚，口不渴，舌质红，脉细数，为阴血亏虚，燥火生风，煎熬血液而成，风火损伤血络而大便时黑，故而采用养阴凉血止血之法，方用生地、元参、墨旱莲、女贞子养阴生津，地榆炭、丹参、荷叶、牡丹皮、仙鹤草、茜草根凉血止血，长期以此为治则，随症加减，故而取效。

病案2：姜某，男20岁。1959年6月住院治疗。

病史：患者下肢出现斑疹已20天。西医诊断为过敏性紫斑。其疹大者如豆，小者如粟，色紫红，搔即出血，上肢稀少。发病开始发热恶寒，腹痛，大便色黑，近日但热不恶寒，午后益甚，大便常黑；舌质鲜红，脉细数。

诊断：斑疹。

辩证：阴虚血热。

治法：先予凉血止血，再养阴清热。

处方：清营汤加减：

犀角 4.5 g	生地 15 g	丹参 15 g	牡丹皮 12 g
紫草 9 g	阿胶 12 g	牡蛎 24 g	荷叶半张
仙鹤草 12 g	杭白芍 12 g	甘草 9 g	

二诊：2剂后发热已退，疹亦减少，头微昏，大便日夜7次，皆鲜血，有里急后重之感。舌有黄苔，腹脐作痛，有赤痢之象。

白头翁 12 g	焦黄柏 9 g	焦山楂 9 g	黄连 6 g
秦皮 9 g	炒杭白芍 12 g	木香 3 g	当归 9 g
谷芽 12 g	炙甘草 9 g	扁豆皮 9 g	乌梅炭 9 g

三诊：腹上方 2 剂腹痛减，大便只 1 次，色黑，肛门灼热，仍宗原法，原方继续。

四诊：又 5 剂之后，大便渐趋正常，腹尚隐痛，下肢午后红肿，夜间下肢仍发疹、发痒，阴血虚也，仍予育阴清营。

生地 15 g	杭白芍 15 g	淮山药 18 g	牡丹皮 9 g
女贞子 12 g	墨旱莲 12 g	山萸肉 9 g	菊花炭 9 g
天冬 9 g	知母 6 g	天花粉 9 g	鲜石斛 15 g
仙鹤草 18 g			

五诊：上症已减，现有头昏，午后四肢仍有红肿，牙龈痛，阴虚阳不能潜也，复脉加味治之。

生地 21 g	白芍 15 g	牡丹皮 9 g	枯芩 9 g
鲜石斛 18 g	墨旱莲 12 g	地骨皮 9 g	阿胶 12 g
甘草 6 g	女贞子 12 g	淮山药 21 g	泡沙参 21 g
仙鹤草 18 g	丹参 9 g	牡蛎 30 g	龙骨 18 g

10 剂后，诸症消失，痊愈出院。

按语：患者斑疹色紫红，搔即出血，发病时伴有发热恶寒，腹痛，大便色黑，为外感风热之症，待病情进展，但热不恶寒，午后益甚，大便常黑；舌质鲜红，脉细数，为阴虚血热，予以清营汤清热凉血止血，热邪过伤血络，大便下血状如赤痢；并有阴血亏虚，虚阳上浮，而有头昏牙痛、四肢发烧等症，治以清热息风，凉血止血，育阴潜阳，乃收全效。

病案 3：陈某，女 60 岁。

病史：患者下肢发疹奇痒已年余，每于傍晚则发，天明乃消，发时须用热水烫之。其疾中西穷于治术，毫无寸效。脉细迟，两尺尤微。

诊断：斑疹。

辩证：阳虚湿盛。

治法：补火除湿。

处方：八味地黄汤加减：

熟地 18 g	山萸肉 12 g	淮山药 12 g	茯苓 12 g
泽泻 9 g	附片 9 g	上桂 3 g	淫羊藿 12 g
薏苡仁 12 g	五加皮 9 g	补骨脂 12 g	菟丝子 15 g

一剂大减，再剂痊愈。患者自述病已经年，已愤不治，懒于服药，不意竟两剂而愈，喜慰称谢而去。

按语：患者傍晚发疹，天明乃消，热水烫之可稍缓解，脉细迟，为阳虚生湿，治以补火除湿，且两尺尤微，为肾阳虚衰，方选八味地黄汤加减，大剂补肾之剂，肾阳得补，湿气得除，故而一剂则病大减，再剂痊愈。阳虚疹、气血亏虚疹，虽较为少见，但往往因失治误治，迁延不愈，但一旦辨证准确，便能效如桴鼓。

七、对崩漏的认识和治疗

崩漏，是一种以月经周期、经期、经量严重紊乱为主要表现的病证，指妇女不在行经期间，阴道突然大量出血或淋漓下血不断，前者谓之崩中，后者谓之漏下。崩与漏病因病机相同，在发病过程中可相互转化、交替出现，如崩证日久，耗伤气血，阴道出血渐少，点滴而出，淋漓难尽，转为漏证；漏证不止，病势突进，阴道出血量增多，而转为崩证，故虽崩与漏二者出血的情况不同，但在临床上常以崩漏并称，二者因果相联，密不可分。崩漏相当于现代医学中的功能失调性子宫出血，是下丘脑－垂体－卵巢轴的神经内分泌调节机制失常引起的异常子宫出血，分为排卵性功血与无排卵性功血，而其中又以无排卵性功血为多。崩漏可发生于青春期、育龄期、围绝经期任何年龄段，尤以青春期、围绝经期女性为多见，近来越来越多文献报道指出育龄期女性崩漏的发生率呈增长趋势。崩漏往往出血间隔时间短、出血时间长、出血量多，如若治疗不及时或治疗效果差，易导致贫血，甚至失血性休克，且崩漏病情多反复、难控制，为妇科的临床多发病和疑难急危重症，严重影响广大妇女的生活质量与身心健康。

目前西医治疗此病有药物及手术治疗两种方式。药物治疗以激素为主，取效快捷，但停药后易复发，难以完全根治，且伴随不同程度的副作用。手术治疗包括诊断性刮宫、子宫内膜电切术、子宫切除术等，因其创伤大、风险高，大多数人难以接受，尤其是青春期或有生育要求的患者。总体来说，西医治疗此病还有待进一步研究与探索。中医药在崩漏的治疗中，通过数千年的经验总结与研究，建立了其独特理论体系，提出"急则治其标，缓则治其本"的基本治疗原则，并有"塞流""澄源""复旧"的独特治疗方法，在崩漏的治疗中取得明显的疗效，起着至关重要的作用。

"崩"首见于《素问·阴阳别论篇》"阴虚阳搏谓之崩"，"漏"首见于《金匮要略·妇人妊娠病脉证并治》"妇人有漏下者，有半产后因续下血都不绝者，有妊娠下血者"。隋代巢元方《诸病源候论》中指出："故血非时而下，淋漓不断，谓之漏下""忽然暴下，谓之崩中""时崩时止淋漓不断，名曰崩中漏下"，是对崩漏最早的症状描述。经过历代医家的不断研究，目前对崩漏有较为一致的认识，认为其病因主要为：内伤七情、外感邪气、劳逸失常、饮食失节、瘀血痰饮等，其病机在于气血失调、脏腑失司等损伤冲任，经血失约而致崩漏，其证型可分为脾虚、肾虚、血热、血瘀四型。尽管目前中医药对崩漏的研究已然众多，经验成果显著，但是不同医家对之仍有各自的看法，在认识与治疗上均有其独特之处。

1. 对崩漏病因病机的认识

《素问·上古天真论》云："女子七岁，肾气盛，齿更发长。二七，而天癸至，任脉通，太冲脉盛，月事以时下，故有子。三七，肾气平均，故真牙生而长极。四七，筋骨坚，发长极，身体盛壮。五七，阳明脉衰，面始焦，发始堕。六七，三阳脉衰于上，面皆焦，发始白。七七，任脉虚，太冲脉衰少，天癸竭，地道不通，故形坏而无子也。"女子在不同年龄阶段有不同的生理特点，生活情志、饮食劳倦等病因亦有不同，且胎产特殊时期冲任气血更为不同，故虽均为崩漏，不同年龄阶段的女子有其各自病机特点。

（1）青年女性——天癸初至，肾精不实，冲任不足

青年女性，处于生长发育阶段，脏腑成而未熟，肾气未充，肾精不实，

冲任不足，天癸初至，月经初来或来时不久，易经血失摄而月经失调，同时，青年女性阳气偏盛，加之学习压力、情绪不稳等因素刺激，气火相生，热迫血行，经血失时而下，成崩或漏。

（2）中年女性——肝脾失调，气滞生瘀，气郁化火

中年女性，肾气充盛，天癸成熟，多由内伤七情或生活劳倦等因素导致肝脾不调。肝失疏泄，血运失调，经血妄行而成崩漏；肝郁气滞，气滞生瘀，瘀阻冲任，血不归经而成崩漏；气郁化火，甚则火灼阴血，虚火内炽，均扰动血海，发为崩漏。同时，崩漏日久，肝血亏耗，穷必及肾，崩漏更为缠绵难愈。

（3）老年女性——天癸将竭，阴虚火盛，热迫冲任

老年女性，年老体虚，肾精不足，肾气衰惫，天癸将竭，冲任脉虚，固摄失职，经血非时而下，发为崩漏；肝肾不足，阴血亏虚，水不涵木，肝阳上亢，阴虚生火，热迫冲任，经血非时而下，发为崩漏。

（4）胎产特殊时期——阴常不足，阳常有余

女子有胎产孕乳特殊时期，整体状态呈阴常不足，阳常有余。妊娠时期，阴血下注冲任以养胎元，喂乳时期气血化为乳汁，故而全身阴血相对不足而阳气易于偏盛，若稍有感触，情志失调，五志化火，扰动血海，或成崩漏。女子产后，因产时产伤、出血及产程用力耗气，故而有"多虚多瘀"的生理特点，或因气不摄血，血下不止，或因瘀阻脉络，血不归经，均成崩漏。

廖老依据患者年龄阶段及胎产时期分别其主要病机特点，在临床治疗辨证论治中起着相当程度的指导意义。

2. 对崩漏的治疗的经验特色

廖老根据不同年龄阶段的不同生理特点归纳了各阶段女子崩漏的病机特点，辨证论治的同时将之考虑于其中，在临床治疗中各有侧重。不过，廖老强调，崩漏治疗必先辨其缓急，急者速止其血，救命为要，而后调整脏腑功能，调气血冲任治其根本。

（1）急则治标，缓则治本

《丹溪心法·崩漏》中已明确提出了"急则治其标"的法则，暴崩下血之

际，勿耽误病情，急以补气摄血、止血固脱，以无形之气生有形之血，如《女科撮要·经漏不止》中所述，大出血时勿以脉诊，当舍脉从症，"急用独参汤救之"。治疗时多选用补气摄血、峻补气血之剂，如独参汤、固本止崩汤、十灰散及加味十全大补汤（原方加阿胶、升麻、续断、酸枣仁、炮姜灰）等。

崩漏缓者，或虚或实，辨证论治，治其根本。实热者清热泻火，虚热者滋阴清热，脾虚者健脾益气，肾虚者补肾益气，血瘀者活血化瘀，肝郁者疏肝解郁，各有治法。

（2）结合年龄及时期特点辨证论治

青年女性以天癸初至，肾精不实，冲任不足为其病机特点，治疗侧重于补肾固冲止血，兼以柔养肝气、清热降火，治疗时选用肾气丸、六味地黄丸之属。

中年女性以肝脾失调，气滞生瘀，气郁化火为其病机特点，治疗侧重于调和肝脾，疏肝解郁，滋和肝气，柔养血海，同时要兼以治肾。治疗选用逍遥散、柴胡疏肝散之属。

老年女性以天癸将竭，阴虚火盛，热迫冲任为其病机特点，治疗侧重于健脾补肾，以后天养先天，先后天并治，阴虚火旺者兼以滋阴泻火，治疗时选用固经丸、知柏地黄丸之属。

妊娠崩漏，下血淋漓者称为"胎漏""胞漏"，下血量多势急者称为"妊娠卒下血"，为属妊娠病，与平常所诉月经病之崩漏有所区别。治疗时，以清热解郁，养气安胎为其主要治则。

产后崩漏，因女子产后"多虚多瘀"的生理特点，故冠以产后以别于月经病之崩漏，因产后崩漏多量大势急，治疗宜益气固脱，速止其流。

廖老认为，在崩漏的治疗中，首当辨缓急，急则治标，缓则治本，量多势急者以止血固脱为要，后方治其本。治疗时，辨证为关键，结合患者年龄特点思考可以为辨证论治提供思路，但切记不能一概而论，如青年女子之崩漏均辨为肾虚不固，应当结合患者病情切实辨证论治。

3. 病　案

病案1：劳某，女，38岁。1963年3月就诊。

主诉：月经淋漓不绝数年。

病史：患者月经常淋漓不绝，历年不止，每隔数日即有紫血块流出且量多，腹胀甚剧，常午后头痛；舌红无苔，脉细数。

诊断：崩漏。

辨证：阴虚血热，肝经气滞血瘀。

治法：疏肝开郁，养阴清热，活血止血。

处方：丹栀逍遥散加减：

软柴胡6 g	秦当归6 g	血余炭12 g	川芎9 g
荆芥炭9 g	阿胶珠12 g	地榆炭12 g	牡丹皮9 g
焦山栀9 g	香橼6 g	炒杭白芍9 g	茯苓9 g
生地9 g	酒黄芩9 g	焦山楂9 g	

二诊：2剂后，紫血块流出较前增加，腹胀头昏明显好转。继上方加减。

炒生地12 g	川芎9 g	炒白芍12 g	秦当归9 g
郁金9 g	荆芥炭9 g	炒血余9 g	炒蒲黄6 g
炒地榆9 g	香橼6 g	茜草根9 g	阿胶珠12 g
焦山楂9 g	焦山栀9 g	酒黄芩6 g	炙甘草3 g

三诊：上方连服5剂，头痛腹胀消失，无血块，漏下极少，色转正红。

软柴胡6 g	焦白术12 g	炒白芍12 g	秦当归9 g
炒丹皮6 g	炒生地9 g	阿胶12 g	荆芥炭6 g
败棕炭9 g	焦艾叶9 g	炙甘草3 g	

四诊：数剂后，漏下全止，再予善后调理。

广三七9 g	阿胶12 g	秦当归9 g	黄芪24 g

用上药蒸白毛乌骨雌鸡，饮食清淡乃痊愈。

按语：此病案患者为中年女性，症见月经常淋漓不绝，历年不止，以隔数日即有大量紫血块流出并伴有较为剧烈的腹胀为其主要特点，伴有午后头痛，查见舌红无苔，脉细数，故考虑为肝经郁热，热灼阴血，血虚生风，扰动血海，经血故而绵绵漏下，历久不止。故治疗时，首以疏肝开郁，养阴清热，活血止血之法，后继以调理气血，填固冲任，方获全效。

病案2：龙某，女，32岁。1962年4月至6月住院治疗。

病史：患者自上年正产后 5 小时，即开始阴道大流血。先经刮宫输血后，血仍不止，予注射大量凝血药，刮宫 3 次，又做子宫全切手术，血仍不止，然后转入中医治疗。体温时高时低，其面色、指爪苍白，面部及四肢浮肿，小腹两侧作胀，但不痛；四肢腰部痛、尾椎部位有褥疮，手足心热，肌肤甲错，小便点滴流出；舌质淡白，六脉微细欲绝。

诊断：崩漏（漏下症）。

辨证：阳气下陷，冲任不固。

治法：益气养血，温阳止血。

处方：固本止崩汤加减：

高丽参 6 g	炙黄芪 15 g	秦当归 6 g	鹿角胶 9 g
补骨脂 9 g	炒杜仲 12 g	酥龟板 15 g	熟地 15 g
阿胶珠 15 g	炮姜炭 9 g	血余炭 9 g	陈棕炭 9 g

二诊：连服 7 剂，血止而元气渐复，脉搏形神均好转，虚肿腹胀皆消失。

潞党参 15 g	白术 15 g	扁豆 15 g	茯苓 9 g
怀山药 15 g	炙甘草 4.5 g	大枣(3 枚)	广陈皮 6 g
砂仁 6 g	生姜 6 g		

上方服用 1 周后，诸症消失，食欲大增，一切正常。嘱其注意营养，痊愈出院。

按语：此病案患者为产后出现崩漏，予以输血凝血、刮宫切宫均不见效，历年不止，现症见面色、指爪苍白，面部及四肢浮肿，小腹两侧作胀，手足心热，肌肤甲错，小便点滴流出，查见舌质淡白，六脉微细欲绝，考虑为产时损伤，冲任不固，气血双脱，几成厥脱。故予以补气摄血、固摄奇经之法，重用峻补气血之物，频频予服，幸能止其崩漏，转危为安。

病案 3：张某，女，43 岁。1959 年 5 月住院治疗。

病史：患者月经素不正常，白带淋漓，腰痛体倦。前月忽然崩下如注，八九日方尽。口苦口干而渴，夜不安眠，经后头晕眼黑，近来益剧；舌尖红，脉细数。

诊断：崩漏。

辨证：肝肾阴虚，阴虚火旺。

治法：育阴养血，凉血止血。

处方：固经丸加减：

生地炭9g	丹皮炭6g	蒲黄炭6g	寸冬9g
杭白芍15g	米洋参3g	地榆炭6g	东阿胶9g
藕节9g			

二诊：服后血来渐少，全症皆减，又续服1剂，夜眠渐安，唯嗳气不适，再予调理。

生地炭9g	墨旱莲9g	沙参15g	阿胶珠9g
地骨皮9g	香橼6g	桑白皮6g	炒白芍9g
寸冬9g	牡丹皮6g	藕节9g	

三诊：2剂后，月经已尽，白带减少，胃纳尚少，神气衰弱。

南沙参9g	怀山药15g	炒扁豆9g	莲米15g
炙甘草3g	生谷芽12g	石斛9g	炒枣仁9g
广陈皮6g			

2剂痊愈后出院，月经正常。

按语：此病案患者年龄43岁，素来月经不正常，现症见腰痛体倦，口苦口干而渴，夜不安眠，经后头晕眼黑，近来益剧，舌尖红，脉细数，考虑肝肾阴虚，阴虚火旺，热迫血行，故用养阴清营、凉血止血之法，待得经净后，再予以补气摄血、疏肝扶脾之法调理肝脾，终而症减痊愈。

病案4：黄某，女，42岁。1961年5月就诊。

病史：患者自诉近几月以来，月经提前数日或10余日即至，淋漓不断，血色淡。经来时头昏腰痛足软，精神疲倦，平日常感心累心跳，头昏眼花。此次月经提前数天，来时如崩，精神不支；舌质淡红，脉象细弱。

诊断：崩漏。

辨证：心脾两虚，冲任不摄。

治法：益气摄血，调补冲任。

处方：归脾汤加减：

| 潞党参15g | 黄芪24g | 地榆炭15g | 荆芥炭9g |
| 茯神15g | 秦当归9g | 炒白芍9g | 藕节炭9g |

053

炙甘草6 g　　　　大枣(7枚)

二诊：连服5剂，血量减少，周身酸痛无力。

潞党参15 g	酸枣仁9 g	黄芪15 g	秦当归6 g
炒白芍9 g	熟地15 g	焦白术15 g	广陈皮6 g
大枣(7枚)	炙甘草9 g		

再服用5剂后，痊愈。

按语：此病案患者年龄42岁，平日常感心累心跳，头昏眼花，现月经先期，淋漓不尽，伴有头昏腰痛足软，精神疲倦，查见舌质淡红，脉象细弱，考虑为素体虚弱，元气早衰，冲任不固，气不摄血而致经至如崩，淋漓不断。故用益气摄血、调补冲任之法，气血得补，冲任坚固，故能痊愈出院。

八、对癌瘤的认识和治疗

癌瘤，是一种病名的统称，是各种致病因素侵害人体致使组织发生病理改变而成的癌肿瘤块。西医所言之肿瘤，是指机体在各种致癌因素的长期作用下，某一细胞组织发生异常分化或过度无限增生所形成的新生物，包括良性肿瘤与恶性肿瘤，恶性肿瘤有向周围组织乃至全身侵蚀和转移的能力，故而成为肿瘤死亡的主要原因，增大了治疗难度，影响预后疗效。据世界卫生组织2003年公布数据，2000年全球共有恶性肿瘤患者1 000万，其中男性530万，女性470万，因恶性肿瘤死亡者高达620万，占总死亡人数的12%。我国2010年全国登记地区恶性肿瘤发病病例315.7万例,其中男性187.4万，发病率为0.275%，女性128.3万，发病率为0.197%。可见随着社会发展，生活环境、饮食习惯的改变，以及社会工作的压力，肿瘤的发病率将日渐上升，或将成为社会负担重的主要原因，是急需处理的问题。

中医早在数千年前就对癌瘤有探索与研究，形成了深刻的认识，并积累了丰富的治疗经验。殷墟甲骨文就已有"瘤"字，2000多年前的《周礼》中已有治疗肿疡的"疡医"的记载。经过数千年的研究，从《灵枢》"筋瘤""肠瘤""骨疽"到《诸病源候论》"肉疽""积聚""食噎""瘿瘤""癥瘕"，直至宋清的"岩""癌",中医在癌瘤的认识及治疗上都达到了一定高度。中医认为癌瘤的病因病机主要是气、血、痰、瘀、毒、虚,即气血虚衰,气滞血瘀,痰凝湿聚,热毒内蕴,脏腑失调,经络瘀阻等。正气不足,阴阳失和,脏腑失司,外邪侵犯,出现气滞、血瘀、湿聚、痰结等一系列病理变化,最后形成癌瘤。治疗法则主要有:活血化瘀,软坚散结,清热解毒,益气养血等。

廖老认为,癌瘤为素体有虚,或为阳虚有寒,或为阴虚有火,再遇外邪侵犯,或寒或热,两相搏结、日积月累而成。故而癌瘤根深蒂固,病情顽固,治疗时应攻邪、扶正互不阻碍,经年累月耐心消磨,莫求一击可溃、数日可愈。

1. 对癌瘤病因病机的认识

(1) 气滞血瘀痰凝成瘤

《灵枢·刺节真邪》云"已有所结,气归之,津液留之,邪气中之,凝结日以易甚,连以聚居,为昔瘤",《灵枢·百病始生》云"虚邪之风,与其身形,两虚相得,乃客其形"。素体有虚,气血运行本不畅,再者虚体更易受邪,邪气内阻,脏腑功能失司,气血津液运行失调,气滞血瘀,津液凝聚,居于体内而成顽痰死血,壅滞经络,阻碍气血,恶性循环,日积月累积聚成癌瘤,故而癌瘤之基本病机在于气滞血瘀痰凝。

(2) 癌瘤本虚,分别阴阳

"正气存内,邪不可干",虚者受邪而不能驱邪而出,邪滞于内,脏腑功能受损,气血津液凝滞积聚,纠结邪毒而成癌瘤。癌瘤日积月累,根深蒂固,"久病必虚"。虚者受邪,邪气致虚,长此以往,恶性循环。故癌瘤之基本病机在于气滞血瘀痰凝,其虚致其变。

万物在于阴平阳秘,百病均在于阴阳失衡,治疗在于调节阴阳盛衰,故而辨证亦应首别阴阳。正如《黄帝内经》云"积之始生,得寒乃生,厥乃成积也""卒然外中于寒,若内伤于忧怒,则气上逆,气上逆则六输不通,温气不行,凝血蕴裹而不散,津液涩渗,着而不去,而积皆成矣",表示癌瘤在于寒。而丹溪云"以郁为本,如其人气血冲和,百病不生,一有怫郁,则气结不散，如气郁而湿滞，湿滞成痰，痰滞而血不行，血滞而食不消化，而遂成痞块""气郁久则生热，与顽痰死血搏而成症块"，表示癌瘤在于郁热。廖老认为，两者并非矛盾，癌瘤即分阴阳寒热。如若素来阳虚，外中于寒，虚寒、寒邪两相搏结，痰瘀气滞而成癌瘤者则为阴。素来阴虚者，再遇郁火，二者煎熬津血，顽痰死血凝聚成癌瘤者则为阳。

2. 治疗癌瘤的经验

廖老依据癌瘤的病因病机特点，临床以行气活血、散结通络、软坚散结为常法，滋阴扶阳为变法，两者结合治疗癌瘤。

（1）行气活血，散结通络，软坚导滞

廖老认为癌瘤之基本病机在于气滞血瘀痰凝，故而以行气活血，散结通络，软坚导滞为基本治则。选用桃仁、红花、莪术、木香、香附等行气活血，夏枯草、蒲公英、海藻、昆布、牡蛎、贝母等软坚散结。自拟验方活络解结汤治疗，廖老自制此验方，本用于淋巴结结核（九子疡），后用于阳虚癌瘤者，效果明显，为治疗癌瘤提供了新的思路。

活络解结汤具体配方如下：潞党参、黄芪、当归、赤芍、广木香、香附、细辛、威灵仙、血通、木通、通草、红花、桃仁、川草乌、夏枯草。

阳虚甚者，加附片，癌瘤位于上者或加桂尖，位于下者或加肉桂。

方用广木香、香附、红花、桃仁、血通、木通、通草、川草乌、夏枯草、威灵仙行气活血，软坚散结；潞党参、黄芪、当归、赤芍、细辛、附片益气养血扶阳，攻邪并以扶正，注意斟酌两种用量及比重，攻邪不伤正，扶正不碍祛邪，两相平衡，调和阴阳。

（2）扶阳滋阴，随证治之

廖老认为患者体质不同，受邪不同，阴阳不同，是以区别阴阳，各定治则，各选其方。阴虚者滋阴，方用六味地黄丸、左归丸、麦门冬汤等加减治疗；阳虚者扶阳，方用肾气丸、四君子汤、补中益气汤等加减治疗；气血大虚者峻补气血，方用生脉散、参附汤、八珍汤、当归补血汤等加减治疗；灵活运用，随证治之，方能见效。

3. 病　案

病案 1：陈某，男 55 岁。1960 年 3 月至 4 月住院治疗。

病史：患者因腰痛半月后，发生心窝疼痛加剧，10 天后突然右侧腰痛，但痛无定处，时上时下，痛如针刺，尚能忍受；不发寒热，因食硬物，心窝处烧灼疼痛，腹胀呃逆，食不消化，夜间痛不能忍，注射麻醉针暂止其痛，数日后注射无效，彻夜不能入睡，呻吟不已。检查其左锁骨上淋巴结长大如蚕豆大小，左侧颈部淋巴结亦长大如胡豆（即蚕豆）者 3 枚，无明显压痛、活动。上腹部偏右侧有一包块大如拳，边界不甚清楚，有轻微压痛，肝在肋下二横指，有轻微压痛。取淋巴结 1 枚做切片检查。确定为腺癌转移，其原发癌为胰腺癌。每日注射癌得平针药及其他镇痛药，痛仍不止，每晚痛不能睡，不能食，不解大便，精神极度不安，已发病危通知，乃请廖老会诊（以上为西医病历摘要）。

患者自诉，在病初时因食饭触怒，入晚遂觉不安。此病始于生气，气滞食停，胃气不降，故呃逆上气，便秘不通。脾统血，脾气既郁，血不流通，聚而成块，血属阴故夜重昼轻。先予调和脾胃，开郁消食，脉沉弦而缓，非纯阴纯阳之证。

诊断：癌瘤。

辩证：气滞食停，血瘀成块。

治法：消食开郁，调和脾胃。

处方：正元散：

焦白术 9 g	茯苓 9 g	青陈皮各 6 g	神曲 9 g
麦芽 12 g	元胡 9 g	香附 9 g	海浮石 18 g
砂仁 9 g	山楂炭 12 g	桔梗 6 g	鸡内金 12 g
木香 6 g	甘草 3 g		

二诊：上方乃古方正元散，3 剂后，腹仍胀痛，较前好转，略能进食，呃逆腹胀减轻，苔薄而干，脉微弦，两尺弱，大便未解。原方再服 4 剂。

三诊：腹胀痛已减，饮食益增，大便自解 1 次，余症平稳。现宿食已消，唯瘀血未动，包块未减，调整治法为行气活血，软坚散结，予活络解结汤。

潞党参 18 g	黄芪 24 g	秦当归 12 g	赤芍 9 g
红花 6 g	桃仁 9 g	广木香 6 g	香附 9 g
血通 6 g	木通 6 g	通草 6 g	威灵仙 9 g
细辛 3 g	川草乌各 5 g	蒲公英 15 g	夏枯草 24 g
白术 12 g	炙甘草 6 g		

四诊：上方服 3 剂，腹中痛大减，夜已能安眠，不再注射针药。食量亦增，大便每日畅解，病者心情顿快。原方再服 4 剂。

五诊：4 剂后，精神益旺，欣然有喜色，腹已不痛，能食能睡，仅有时胁下微痛，二便正常。其癌肿已消大半，仅能按及，脉小弱。针药全停。原方再服 3 剂。

六诊：患者除感胁下微有胀痛外，其他一切已复正常，其癌肿已不复可扪。再予补助正气，正强而余邪自化。

黄芪 24 g	茯苓 9 g	广陈皮 6 g	谷芽 15 g
甘松 3 g	砂仁 6 g	秦当归 12 g	炒白芍 9 g
炮姜 3 g	神曲 9 g	炙甘草 4.5 g	淮山药 15 g
莲肉 15 g			

又末药方：

潞党参 30 g	白术 30 g	三棱 30 g	桃仁 30 g
海浮石 45 g	香附 30 g		

上 6 味研末极细，早晚各服 3 g，开水下。

服上方 4 剂后，腹中包块、颈上及锁骨上淋巴结肿大已消失净尽。复查病已显著好转，嘱其出院回家休养。现病者已能上街活动，恢复健康。

按语：患者因情绪触怒始发，以疼痛为重，并有腹胀呃逆、食睡几废、大便不通，为气滞食停，血瘀成块。廖老先用古方正元散消食开郁，调和脾胃，待得便通食消，余症方可得缓，此时方考虑使用活络解结汤软坚散结，行气活血，并用川草乌止痛。待得患者癌瘤消减，正气必亦受损，调整方药，益气扶阳，扶正固本，培护正气以祛余邪。

病案 2：廖某，男，35 岁。1960 年 4 月至 10 月住院治疗。

患者乃廖老长子，于 1960 年 2 月前后，忽左耳后发生结块，皮色如常，不痒不痛，日渐长大，当时疑为疮痈，就中医外科治疗无效。其肿发展迅速，渐大如拳，已而上肿至头，下肿至项，蔓延耳前，其坚硬如铁石。其左腋下，又续发一结核，左手浮肿不便，口不能张大，饮食皆难，乃急至四川医学院肿瘤科检查，经该科两次切片化验，始肯定为恶性淋巴肉瘤，必须放射线治疗，每日放射1次。本院西医亦辅助治疗，注射癌得平及输血等。经过40天的放射，不但毫无寸效，放射处皮肤腐烂，精神衰竭，饮食不进，右耳后又发生一结核硬亦如石。午后潮热，咳嗽气呛，病益严重。该肿瘤科医生决其不救，拒不复治。廖老乃决心中医治疗，即请老友张澄庵先生会诊，认为症虽险恶，尚可挽救，但此症阴虚肝旺，郁火煎熬顽痰死血而成，正如丹溪之所论。乃同商定一方，以咸寒软坚，逐瘀通络，凉血养阴为法。

诊断：癌瘤。
辨证：阴虚肝旺，郁火煎熬。
治法：养阴清热，软坚散结。
处方：海藻玉壶汤加减：

羚羊角 3 g	瓦楞子 45 g	牡蛎 30 g	钗石斛 30 g
牛膝 9 g	山楂核 9 g	银花藤 30 g	紫草 24 g
丹参 24 g	赤芍 9 g	牡丹皮 9 g	橘络 9 g
瓜络 15 g	桑寄生 30 g	女贞子 18 g	墨旱莲 24 g
蜈蚣三条	全蝎 9 g	蜂房 9 g	三棱 9 g
夏枯草 30 g	莪术 9 g	海藻 30 g	昆布 30 g
浙贝母 18 g	瓜蒌 18 g	鳖甲 30 g	生谷芽 60 g
焦米 30 g			

煎汤代水

二诊：前方连服7剂后，午后潮热已退，手臂之肿全消，右耳侧之结核缩小，左颌下亦渐软，口渐能食，左耳侧之大肿瘤亦开始收缩。但精神益倦，仍不思食，暂停攻药。急予扶正，但患者虚不受补，服参芪其瘤益胀，只予清补之品，数剂后，精神转好，其左耳前后之肿瘤仍胀大坚硬如故，另服后方：

| 夏枯草 30 g | 海藻 30 g | 昆布 30 g | 三棱 9 g |

莪术 9 g	土茯苓 18 g	片姜黄 4.5 g	郁金 6 g
乳没各 9 g	䗪虫 4.5 g	山甲珠 9 g	淮山药 24 g
酥鳖甲 30 g	砂仁 4.5 g	淫羊藿 18 g	菟丝子 18 g
杜仲 21 g	全瓜蒌 15 g	生牡蛎 45 g	浙贝母 18 g
青皮 9 g	山楂核 9 g	柚子核 9 g	

又熬膏方：

瓦楞子 90 g	石决明 60 g	羚羊角 6 g	牡蛎 60 g
鳖甲 90 g	山甲珠 24 g	钗石斛 90 g	银花藤 60 g
丝瓜络 30 g	橘络 30 g	乳没各 9 g	土茯苓 60 g
紫草 60 g	蒲公英 60 g	蜂房 24 g	蜈蚣十条
䗪虫 24 g	三棱 24 g	姜黄 24 g	郁金 24 g
皂角刺 24 g	冬瓜仁 60 g	丹参 15 g	赤芍 15 g
女贞子 60 g	墨旱莲 60 g	菟丝子 90 g	淮山药 90 g
生杜仲 60 g	鸡内金 30 g	海昆各 60 g	夏枯草 60 g
莪术 24 g	杭白芍 30 g		

此病在1960年5月放疗期间，病情严重，经过放射之后，病益加剧，几不可挽救。自改服中药之后，日渐好转。有时精神不支，饮食不思，乃停攻剂，而予补正，精神转旺。又服膏剂，且攻且补，缓缓消磨。其右耳后及腋窝肿大之淋巴结逐渐消失，左耳前后之肿瘤亦渐次缩小，一直服药到1962年5月，其肿瘤已完全消失，肌肉已转活动，唯颌骨下有一小结核如雀卵未消，不痒不痛，亦不发展，然精神食欲皆已恢复正常。乃复到医学院检查，该科医生诧为奇迹。检查结果称肿瘤已消失无痕，其颌下结核不易消散，亦不足为患。以后但注意营养。即可恢复健康。

按语：患者病情发展迅速，病情较重，放射治疗耗气伤阴，正气更弱，病情进展更为迅速，患者精神衰竭。廖老与好友商定后，认为此症为阴虚肝旺，郁火煎熬而成，方中选用羚羊角、瓦楞子、牡蛎、海藻、昆布、浙贝母、瓜蒌、鳖甲软坚散结，蜈蚣、全蝎、蜂房、三棱、莪术逐瘀通络，银花藤、紫草、夏枯草、钗石斛、牛膝、桑寄生、女贞子、墨旱莲、山楂核、丹参、赤芍、牡丹皮、橘络、丝瓜络等清热凉血养阴，方中既有软坚散结、逐瘀通络、清热解毒之攻药，又有凉血滋阴、补养肝肾之补药。治疗中，根据患者药物反应、病情变化，调整方药中攻与补的比重，正气尚可耐受之时以攻为主，正气不足以耐受则以补为主，随证变之，方可见效。

病案3：马某，女，32岁。1960年6月至7月门诊治疗。

病史：患者在2月时，忽觉右项发生淋巴结结核，大小5枚，继而右腮之内、牙龈之上发生一肿瘤，日渐长大，发展迅速，渐大如胡桃，充塞满口，妨碍饮食，并且痛引右耳心及头部皆疼，两目昏花，精神疲惫，痛苦不堪。经四川医学院肿瘤科检查化验，确定为腮腺渗液瘤（属于恶性）。检查之后，无良好治法，只有手术治疗下取下腮骨，但其法危险，未敢尝试。患者本人亦是西医师，闻该科之言，十分绝望，不得已，转求中医。查其颈上淋巴结累累如贯珠，口腔内右腮之间，肿瘤大如胡桃，据称其日日发展，不能进食，并走痛引右侧头耳；形容苦闷，身体畏寒，诊其脉，微弱无阳，六脉皆虚。

诊断：癌瘤。

辨证：络道瘀积，气血亏虚。

治法：益气养血，活络散结。

处方：活络解结汤加减：

潞党参24 g	黄芪30 g	秦当归15 g	赤芍9 g
广香6 g	香附9 g	红花6 g	桃仁9 g
木通9 g	通草6 g	细辛3 g	威灵仙9 g
川草乌各9 g	天雄30 g	上桂6 g	夏枯草30 g

二诊：服用5剂，颈上淋巴结已消有三，尚余大者两枚。腮内之肿瘤，原如胡桃，已缩小如樱桃。症已好转，唯近日右耳心及右侧头俱甚痛，乃厥阴虚风内动，上犯清窍，暂停前药，予以柔肝熄风潜阳为治，给以自制巽和汤加味。处方如下：

熟地24 g	山萸肉2 g	首乌15 g	龙骨30 g
牡蛎30 g	淮山药18 g	沙苑子12 g	桂圆肉12 g
茯苓9 g	五味子9 g	黑附子9 g	补骨脂9 g
牛膝9 g	枸杞子12 g	炙甘草6 g	

三诊：5剂后，头耳之痛已止，仍服活络解结汤。

四诊：又服活络解结汤 10 余剂，颈上之结块已完全消散，腮内之肿瘤缩小如豆。脉仍微弱，气血两虚，再予补正而余邪自化。

潞党参 24 g	白术 12 g	茯苓 9 g	熟地 18 g
杭白芍 15 g	上桂 4.5 g	鹿角霜 12 g	淫羊藿 12 g
秦当归 12 g	黄芪 30 g	天雄 18 g	枸杞子 12 g
菟丝子 12 g	云母石 24 g	龙骨 24 g	炙甘草 9 g

又 10 余剂后，口腔中之肿瘤已消失无痕，精神转旺，食欲大增。乃嘱其多服十全大补丸，以善其后。患者又到四川医学院检查，证明腮腺肿瘤已显著好转，扪无痕迹。患者休息 2 个月后，身体健康而痊愈，随访 3 年未发。

按语：患者癌瘤位于少阳经络的右项、右腮、牙龈，包块肿大影响进食，并有长大之势，且痛引右侧头耳，查见患者形容苦闷，身体畏寒，诊其脉，微弱无阳，六脉皆虚，为阴寒中于少阳，络道瘀积而成肿瘤。故予以活络解结汤益气养血，通络散结，切中病机，故而患者肿块渐消，以气血不足为主，故而加大益气补血之力，以养为主，攻邪次之，终而获效。

在癌瘤的治疗中，廖老认为气滞血瘀痰凝为其基本病机，不同患者或有阴阳不同，故而在治疗上，以行气活血、散结通络、软坚导滞为常法，分别阴阳而有变法，或滋阴或扶阳，旨在平衡阴阳。癌瘤患者病久必虚，常为虚实夹杂，治疗时据患者病情调整攻补力量，攻邪不伤正，补益不碍邪，两相权衡而遣方用药。癌瘤发病率高，病情变化快，治疗难度大，效果预后差，需要更多的探索与研究，若欲仅靠中医药治愈癌瘤，难度极大，该篇旨在表达廖老对癌瘤的认识观点与治疗经验，望能予以同道启迪。

九、对癫狂的认识和治疗

癫、狂，均以精神错乱为主要临床表现，两者相互联系，互相转化，不能截然而分，故临床上常以癫狂并称。癫证以神志错乱、精神抑郁，沉默痴呆，语无伦次，表情淡漠，静而少动为特征，相当于现代医学的精神分裂症；狂证以神志错乱、精神亢奋，躁妄刚暴，打骂呼叫，毁物打人，动而多怒为特征，相当于心理障碍中的躁狂症和双相障碍中的躁狂发作。2019年资料显示，除老年期痴呆外，我国6类精神障碍的终生加权患病率为16.6%，精神疾病治疗难度大、效果差，增加患者及社会负担。

中医对癫狂有详尽的探究与认识，并在千百年医学实践中总结了其病因、病机、治则等。中医认为，癫狂的病因在于先天禀赋异常、五志过极、外邪侵犯及药石误治等其他因素，而气、火、痰、瘀为其主要病机要素，以解郁祛瘀、降火祛痰为主要治则。不过中医在于辨证论治，各医家各有其思考角度及治疗风格。

廖老认为癫狂在于心脑之所阻多为"痰"，心脑不相顺接，狂证多为痰热火盛，上闭清窍，癫证在于阴血亏虚，虚火炼痰，神明阻闭，癫狂治疗不易，根治更难，需找准方向、及时调整，坚持服药方可见效，并非数日可成。阳狂阴癫在于痰火，阳狂者据患者表现各辨其证，给痰火以不同出路，阴癫者据其既往病史、体质及发病情况，辨证处方，癫狂得以治疗有效。

1. 对病因病机的认识

（1）癫狂在于心脑不相顺接

"头者，精明之府也""心者，君主之官，神明出焉"，头为精明之府库，心为神明之出纳。心与脑，在人体精神活动中均起着重要的作用。心与脑，二者相系为用，各司其职，顺接相应，则心为脑使，脑为心用，气道畅通，则能神清精明，正常如斯。

如若心脑之系突受阻碍、不相顺接，脑中之神明顿失其主，不知出纳，肆意妄动，则精神错乱、不知是非、乖张反常，发为癫狂。

（2）心脑之所阻多为"痰"

"百病皆因痰作祟""顽疾怪病，多责之于痰"，廖老认为，能阻碍心脑之系，并使之反复发作、顽固难解，责之于痰。痰性胶着黏滞，随气机升降，四肢百骸无处不到。"痰火所以生异也"，痰得风火之势翻涌上升，或而情志不遂、气机不畅，碍于心脑之系，则发为癫狂。

（3）阳狂之痰热火盛，上闭清窍；阴癫之虚火炼痰，神明阻闭

"重阳者狂"，阳狂在于心肝胃肠之阳盛。痰热本重，重遇心肝胃肠之火，

痰借火势，翻涌上升，碍于心脑之系，闭阻清窍，则发为阳狂。

"重阴者颠"，阴颠在于心脾肝肾之阴虚。阴血亏虚，虚火炼痰，若遇情志不遂等而致气机不畅，碍于心脑之系，神明闭阻，则发为阴颠。

2. 治疗癫狂的经验

（1）治疗狂证，以泻火涤痰，镇心安神为主

根据廖老对狂证痰热火盛、上闭清窍的病机理解，制定了泻火涤痰，镇心安神的治则。均为狂证，痰火来源不同，兼夹症不同，治疗需要作出调整，随证治之。

偏于阳明火旺者，症可见：面红目赤，口干舌燥，二便秘结，脉见洪数，需重泻阳明，选方大承气汤、当归承气汤或荡痰汤之属，给痰热以阳明大肠的出路，痰热得出，心脑得以顺接，狂证得以治疗。

偏于心胆火旺者，症可见：面色纯青，目露凶光，怒不可遏，脉见弦劲，需泻心胆之火，选方生铁落饮、当归芦荟丸之属，给痰火以小肠为出路。

廖老针对狂证凶不可制，左脉弦强尤甚，服大承气汤之属无效者，自制狂症验方治疗。验方由丹参、茯苓、茯神、川贝母、牡丹皮、杭白芍、龙胆草、芦荟、胡黄连、黄连、二冬、龟板、石菖蒲、远志、整辰砂、琥珀、生铁落、猪胆汁、当归芦荟丸组成。

狂证在于阳盛，痰盛火旺，碍于心脑，清窍闭阻，发为癫痫。在治疗上，廖老根据兼夹症，创新地从重泻阳明、泻心胆之火方面给痰热以大肠、小肠的出路，肃清痰热以治狂证。

（2）治疗癫证，以益气养血，育阴潜阳为主

廖老认为，癫证在于阴血亏虚，虚火炼痰，神明阻闭，治则以益气养血，育阴潜阳。虚者病久矣，各有其特点。患者虚证不同，发病及治疗固然不同，故尽管均为癫证，但治疗各有方向。

平素气血不足者，或因所想不得、长思久虑，暗耗心血，或因脾运失司，气血生化不足，而血液渐亏，心气耗散，神无所主，故而神不守舍。癫证患者，若发病为言语不休、喃喃自语，并有面色无华、神衰气少，脉微弱者，当选安神方之属。廖老选择王孟英安神丹加减治疗此证：西洋参、酸枣仁、

磁石、整辰砂、熟地、龙齿、云母石、石菖蒲、桂圆肉、琥珀、上桂、金箔。

平素阴液不足者，虚火炼痰，若遇恐惧忧郁之事，虚火生风，肝风内动，煽动痰涎而成癫证。故癫证患者，或多喜言笑，或恐惧自匿，如有人捕之，发病前或有头目昏眩，面色浅赤，脉细数而弦，如若一时未解，或可发成狂证。廖老自制加减复脉汤在治疗此证上取得了明显的疗效：生地、杭白芍、麦冬、火麻仁、阿胶、炙甘草、鳖甲、牡蛎、整辰砂、石菖蒲、远志、磁石、龙齿、琥珀。

如若忧郁愁闷，气滞痰凝，或情绪苦闷，饮酒酿痰，痰黏心窍发为癫证。此证以痰为主，痰多热少，患者多精神恍惚，或心悸怔忡、恐惧不止，言语不清，痰多，脉缓滑。廖老选择《医宗金鉴》中清心涤痰汤之属治疗此证：人参、茯苓、橘红、半夏、雅连、竹茹、炙甘草、枳实、石菖蒲、酸枣仁、胆南星、麦冬。

3. 病 案

病案 1：向某，女，18 岁。1953 年 3 月至 5 月门诊治疗。

病史：患者自发病以来，烦躁易怒，坐立不定，眠食几废，惊恐不安，时笑时哭，喜怒无常，自语不休，曾医治 2 个月无效。近来更加狂躁，不知亲疏，不知臭秽，行走不眠，饮食不进，大便不解，喉中痰鸣，咯之不出，呃逆不休，双唇红赤，静脉怒张，烦躁不宁，舌赤苔黄，脉弦数而涩。

诊断：狂证。

辨证：阳明热盛，痰热秉心。

治法：清心涤痰，通腑开窍。

处方：荡痰汤加减：

犀角 3 g	黄连 9 g	牛黄（冲）1.5 g	山栀 9 g
石菖蒲 6 g	佛手 9 g	丹参 15 g	龙齿 30 g
茯神 12 g	杭白芍 18 g	香附 9 g	青皮 9 g
桃仁 9 g	竹茹 9 g	酒军 12 g	元明粉 9 g
半夏 15 g	郁金 15 g	辰砂 15 g	明矾 9 g

共末细，饭搓为丸，薄荷汤冲服 3 g，日三服。

二诊：汤丸二方连服5剂，痰能咯出，大便解出甚少，如黑漆，狂躁渐宁，仅时有笑声，已不哭，能睡一二小时，仍好行走。继续前法加减为治。

朱茯神12 g	郁金9 g	石菖蒲6 g	生白芍18 g
半夏曲15 g	竹沥1杯	青皮9 g	酒黄连6 g
山栀仁9 g	香附9 g	生熟军各9 g	柿蒂七枚
元明粉9 g			

三诊：上方连服4剂，咯痰甚多，大便畅解，呃逆不止，不复喃喃自语，沉默无言，能进粥两小碗，能自卧。

朱茯神12 g	秦当归9 g	酸枣仁12 g	远志6 g
竹茹9 g	酒黄连6 g	香附9 g	杭白芍12 g
石菖蒲6 g	山栀9 g	夜交藤30 g	广陈皮9 g
法夏曲12 g	龟板30 g	甘草3 g	

四诊：5剂后，食欲大增，睡眠安，痰已少，神气大清，自诉四肢无力，二便正常，言语清楚。

南沙参15 g	玉竹6 g	杭白芍9 g	茯神9 g
百合12 g	炙枣仁12 g	远志6 g	秦当归9 g
龟板24 g	白术9 g	焦柏6 g	香橼9 g
甘草4.5 g			

5剂后，精神眠食一切正常，遂停药。

按语：患者以烦躁易怒，眠食几废，惊恐不安，喜怒无常为主要表现，并伴有饮食不进，大便不解，喉中痰鸣，咯之不出，呃逆不休等症状，为阳明热盛，痰热秉心，而成狂证，法用清心涤痰，安神镇逆，故用石菖蒲、龙齿、半夏、茯神、辰砂、明矾祛痰开窍，犀角、黄连、牛黄、山栀、竹茹等清心热，元明粉、酒军、丹参、桃仁攻下以清阳明火热，佛手、香附、青皮、郁金、杭白芍疏肝柔肝。借阳明大肠为出路，大便畅解后狂症大减。再用清心温胆汤加减出入继续清心涤痰，养阴柔肝疏肝，遂获痊愈。

病案2：邓某，男，36岁。1953年5月至6月门诊治疗。

病史：患者神志错乱，已病2年，数治无效。现昼夜发热，夜间尤甚，饮食不进，彻夜不眠，精神错乱，妄言妄行，表情惊恐，喜怒无常，烦躁不宁，痰涎多，面色赤红，静脉怒张，头身疼痛，大便燥结，小便色黄，舌红苔黄，脉弦数。

诊断：狂证。

辨证：心肝热盛，痰热闭窍。

治法：清心涤痰，安神定志。

处方：生铁落饮加减：

朱茯神 12 g	龙齿 30 g	法半夏 12 g	广陈皮 9 g
黄连（酒炒）9 g	黄芩 9 g	石菖蒲 6 g	远志 6 g
郁金 9 g	枳壳 9 g	焦山栀 9 g	胆南星 9 g
杭白芍 18 g	寸冬 12 g	桑枝 30 g	橘络 9 g

二诊：5剂后，头身疼痛消失，能食饭。昼热渐退，夜热仍高，烦躁惊恐已减。仍不能眠，痰尚多，再予清营安神。

犀角 3 g	牛黄（冲）1.5 g	朱茯神 12 g	远志 9 g
香附 9 g	郁金 9 g	杭白芍 18 g	焦山栀 9 g
胆南星 9 g	浙贝母 12 g	黄芩 9 g	竹茹三元
枳实 9 g	玄参 12 g	寸冬 12 g	

三诊：7剂后，昼夜发热均退，食欲增多，夜眠渐安，烦躁妄动虽少，惊恐仍作。此心胆之痰热未清也，用清心利痰法加减。

朱茯神 12 g	酸枣仁 12 g	远志 9 g	石菖蒲 6 g
半夏曲 15 g	朱寸冬 12 g	杭白芍 15 g	雅连 4.5 g
焦山栀 6 g	全瓜蒌 15 g	炒枳壳 9 g	龙齿 30 g
青皮 6 g	元参 12 g	郁金 9 g	

四诊：前方10余剂后诸症悉退，神志清醒，惊恐亦止。食眠均正常，痰少精神安，再予善后。

沙参秦 15 g	当归 6 g	茯神 12 g	酸枣仁 12 g
远志 9 g	龙齿 18 g	郁金 6 g	杭白芍 9 g
寸冬 9 g	川贝母 9 g	化橘红 6 g	元参 9 g
甘草 3 g			

上方10余剂后，精神愉快，谈笑称谢乃愈。

按语：此病案患者，以昼夜发热，夜间尤甚，饮食不进，彻夜不眠，精神错乱，妄言妄行为主要临床表现，并伴有表情惊恐，喜怒无常，烦躁不宁，且有面色赤红，静脉怒张，舌红苔黄，脉弦数等，为心肝热盛，肝阳妄动，痰热闭阻心窍，法用泻火涤痰，以黄连、黄芩、焦山栀、清泻心肝胆之火，胆南星、石菖蒲、法半夏、广陈皮化痰，朱茯神、龙齿安神定志，郁金、枳壳、杭白芍、桑枝、橘络等疏肝柔肝，给痰热以小肠为出路，故用症状稍减，继续予以清心涤痰，清营安神之法，数年沉疴，得以痊愈。

病案3：周某，男，22岁。1952年5月至6月门诊治疗。

病史：患者已病3个月，因婚姻不遂，中怀抑郁，渐至言语恍惚，神情颠倒。曾因西法治疗不效。忽然疯狂，通宵叫骂，提刀弄斧，势欲行凶；昼夜不寐，狂暴凶恶，不避亲疏。家人用铁链锁闭一室，自将周身衣裤撕去，不着寸缕，其势不可近。诊病时，仅于窗外望其面色纯青，目光怒视，吼叫不休。知其为肝胆痰火爆发，阳并于上，神志亢极，非极苦之药，不足以折其威，用吴鞠通苦泻法。

诊断：狂证。

辨证：肝胆热盛，痰火上扰。

治法：清肝泻火，安神定志。

处方：自制狂症验方：

龙胆草9 g	芦荟9 g	川黄连9 g	胡连9 g
二冬各9 g	丹参15 g	牡丹皮18 g	石菖蒲6 g
远志9 g	川贝母15 g	生地15 g	琥珀（末，冲）9 g
整辰砂9 g	生铁落（煎汤代水熬药）90 g		

二诊：服用1剂，无效。但可隔窗诊脉，其脉右数大，左关尺弦劲鼓指。此肝胆之火亢进，再进前法。

上方加当归龙荟丸18 g，包煎。服药时，药汤中冲猪胆汁一勺。

三诊：10剂后，狂势顿减，神情安静，家人乃去其铁链，衣冠而出。不复叫骂，唯默然不语，面色仍青，眼光不正，右脉已弱。当于泻肝之中，培养阴气，保心安神化痰，以清余热，防止苦药久服化燥也。

丹参12 g	远志9 g	石菖蒲6 g	辰砂6 g

琥珀（末，冲）6 g	龙齿 30 g	牡丹皮 12 g
杭白芍 18 g	龙胆草 9 g	川黄连 4.5 g	二冬各 9 g
茯苓 9 g	茯神 9 g	法半夏 12 g	川贝母 9 g
生地 15 g	酸枣仁 12 g	沉香末汁二勺	
生铁落（煎汤代水熬药）60 g			

四诊：服 5 剂后，神志全部清醒，言语行为正常。唯脉象肝热未尽也。予平肝潜阳，养阴柔肝，化痰安神。

生地 18 g	二冬各 9 g	生杭白芍 18 g	牡丹皮 9 g
鳖甲 30 g	半夏曲 9 g	牡蛎 45 g	败龟板 30 g
雅连 3 g	茯神 12 g	石菖蒲 3 g	远志 6 g
龙齿 24 g	米醋 1 杯		

丸方：

米洋参 15 g	酸枣仁 3 两	柏子仁 60 g	石菖蒲 3 两
制胆星 15 g	生鳖甲 60 g	远志 15 g	琥珀 12 g
秦当归 30 g	大生地 60 g	制乳没 15 g	杭白芍 30 g
辰砂 18 g			

用猪心血三枚和为丸，日三服。

前汤方服 10 余剂，继服丸方，未毕而痊，乃恢复学业。

按语：此病案患者，以忽然疯狂，通宵叫骂，提刀弄斧，狂暴凶恶，不避亲疏为主要表现，并有面色纯青，目光怒视，吼叫不休，为情志抑郁，气机不畅，肝胆热盛，煽痰上涌，闭阻神明发为狂证，法当清肝泻火，并因痰热盛极，故用大苦大寒直泻肝火，廖老选择吴鞠通苦泻法，用龙荟直泻肝胆，但因厥阴火炽，煎灼胆汁，故加用猪胆汁充润枯涸后药效显著。肝胆之火得清，继续清肝余热，并养阴柔肝以防化燥，最后得以痊愈。

病案 4：陈某，男 20 岁，1957 年 6 月 10 日初诊。

病史：患者已病月余，其父率之来诊。视其面色如白纸，神经错乱，语言无状，与其父吵闹不休，呵之不止。诊其脉细微。询其原因，由情欲不遂，此非痰火有余之阳狂，乃失志而神志无主也，虚狂也，法当补心体，安神志为主。

诊断：癫证。

辨证：心血不足，心体失养。

治法：益气养血，安神定志。

处方：安神丹加减：

磁石末 18 g	辰砂 9 g	熟地 24 g	西洋参 9 g
酸枣仁 15 g	桂圆肉 12 g	石菖蒲 6 g	琥珀 9 g
上桂 3 g	金箔（末，冲）七张		龙齿 18 g

二诊：翌日又来诊，神志安静，不复妄言，唯自诉身体倦怠，起居无力而已。

西洋参 6 g	熟地 24 g	潞党参 18 g	淮山药 18 g
桂圆肉 12 g	秦当归 9 g	酸枣仁 12 g	辰砂 5 g
磁石 15 g	朱茯神 12 g	上桂 15 g	琥珀 5 g

连服 9 剂痊愈

按语：此病案患者，以神经错乱，语言无状为主要表现，并有面色苍白、脉细微，为情志不欲，长思久虑，暗耗心血，心体失养，法用益气养血，安神定志，廖老选用熟地、西洋参、酸枣仁、桂圆肉益气养血，磁石、辰砂、石菖蒲、琥珀、上桂、金箔、龙齿安神定志，故而起效，继续按此法调整处方，故而效显得愈。

病案 5：李某，男，52 岁。1951 年 6 月门诊治疗。

病史：患者心志素高，忽因环境刺激，中怀忧惧。忽一日傍晚，狂笑不止，家人询之，言语荒谬，忽又发生恐惧，如人将捕之，匿床下不肯出。询其未病时是否有头晕之况，家人曰有之。知其为五志过极，阴虚而肝阳挟痰上凌心窍之巅病。

诊断：癫证。

辨证：阴虚阳动，挟痰上扰。

治法：育阴潜阳，安神定志。

处方：加减复脉汤（自制验方）：

| 大生地 24 g | 阿胶 12 g | 杭白芍 15 g | 二冬各 9 g |
| 火麻仁 9 g | 生鳖甲 18 g | 龙齿 24 g | 牡蛎 30 g |

辰砂9g　　　　石菖蒲6g　　　　活磁石18g　　　　远志9g
琥珀6g　　　　川贝母12g

二诊：翌日病者亲身来诊，神志已清，不复笑惧，唯言心中烦躁，闻声则惊，时时吐痰，脉滑大，再予清心涤痰法。

清心涤痰汤原方服6剂，痰尽神清而安。

按语：此病案患者，以狂笑不止，言语荒谬，恐惧如人捕之为主要表现，病前头晕，为心志素高，忽受刺激，五志过极，阴虚阳动，挟痰上凌心窍而发为癫证，法用育阴潜阳，安神定志。故廖老用大生地、阿胶、杭白芍、二冬育阴潜阳，生鳖甲、龙齿、牡蛎、辰砂、石菖蒲、活磁石、远志、琥珀、川贝母安神定志化痰，用后效显，后因心中烦躁，闻声则惊，时时吐痰，脉滑大，再予清心涤痰法，癫证得以痊愈。

十、对急性黄疸型肝炎的认识和治疗

急性黄疸型肝炎是急性肝炎的一个临床分型。根据急性肝炎患者有无黄疸表现及血清胆红素是否升高分为急性黄疸型肝炎和急性无黄疸型肝炎，急性黄疸型肝炎其典型的临床表现为身目发黄、尿黄，倦怠乏力，纳差，恶心，呕吐，腹胀，甚者右胁部疼痛。临床上最常见于急性甲、戊型病毒性肝炎，其次为乙、丙型病毒性肝炎的急性期，另可见于各种慢性病毒性肝炎的活动期及药物引起各种肝损害。若治疗不当，可能迁延不愈造成慢性肝炎甚至发展成重型肝炎。目前我国约有乙肝病毒慢性携带者8 600万人，慢性乙肝患者2 800万人；丙肝病毒感染者约450万；每年大约有30万人死于乙肝病毒感染和丙肝病毒感染的相关疾病；甲肝发病年龄随疫苗接种率的增加而升高；戊肝发病率虽然下降，但在卫生条件有限的地区时有暴发流行。西医治疗主要以抗病毒、保肝、防治并发症等对症治疗。

中医治疗急性黄疸型肝炎疗效确切。急性黄疸型肝炎属中医学"黄疸"范畴，黄疸病名及其表现在《黄帝内经》中已有所论述。《素问·平人气象论》曰："溺黄赤安卧者，黄疸……目黄者，曰黄疸。"《灵枢·论疾诊尺》曰："身痛而色微黄，齿垢黄；爪甲上黄，黄疸也。"《伤寒杂病论》原文中有"发黄""身必黄""身黄如橘子色""面目及身黄"等阐述，《金匮要略》将黄疸分为黄疸、谷疸、酒疸、女劳疸、黑疸等。张仲景在黄疸病因认识上强调湿邪，在《金匮要略·黄疸病》说："黄家所得，从湿得之。"黄疸的形成与湿热、寒湿均有关联。湿与热合或湿从热化，则发为湿热黄疸，湿热黄疸过用苦寒之品，或过食生冷，脾胃受损；或酗酒，或嗜食膏粱，既病湿热，又病脾虚，加之久用苦寒，必伤阳气。脾阳不振，运化失调，寒为阴邪，其性凝滞，水湿代谢障碍，肝胆失于疏泄，胆汁液外溢，则发为寒湿黄疸。而急性黄疸型肝炎因其发病的急骤、症状的典型，故本病的基本病机是感受湿热或疫毒之邪，以湿、瘀为主，兼热或寒，病位在三焦，涉及肝、脾等各脏腑。治疗以化湿为本，清热、温化、化瘀、解毒，据正邪强弱，驱邪扶正。

廖老认为急性黄疸型多为感受外邪所致，临证时多见表实、里实、湿热、寒湿，寒湿者必兼里虚。尤其强调分清表里、寒热，此乃证治要点。正如《医学心悟》云："病有总要，寒、热、虚、实、表、里、阴、阳，八字而已。病情既不外此，则辩证之法亦不出此。"

1. 对肝炎病因病机的认识

（1）邪热为患，盛于表，入于里，蕴于三焦则成阳黄

廖老认为邪热为患，盛于表，入于里，蕴于三焦，皆可引发阳黄。邪热与血瘀互结而致急性黄疸型肝炎。《诸病源候论》谓："因为热毒所加，故卒然发黄，心满气喘，命在顷刻，故云急黄也。"《千金要方》谓："凡遇时行热病，多必内瘀发黄。"邪热至重，炼液、炼血成瘀，邪热为致病之因，瘀为病理产物，两者又相互影响，互为因果。邪热在表，热不得外越，湿热郁蒸，胶结难解，熏蒸于外；或热毒瘀血入里，内蕴脏腑，脏腑功能失调，腑气不通，浊气上冲，恶症丛生；或湿热毒邪，弥漫三焦，三焦不利，壅滞气机，气滞血阻为瘀，瘀毒互结，脉阻络损，迫血离经，壅滞更甚。表、里、三焦受邪，邪不外越，热不内泻，气机壅阻，形成恶性循环，湿、热、瘀、毒难以清解，故黄疸难解难愈。此都为因热而致阳黄，针对邪热与病理产物的病位所在，可灵活使用汗法、泻法、表里分消法。

（2）中土虚寒，命门火衰，寒湿不化则成阴黄

阴黄的症候表现一般多见于慢性肝炎的患者，起病缓，病程长，黄色晦暗如烟熏，脘闷腹胀，畏寒神疲，口淡不渴，舌淡白，苔白腻，脉濡缓或沉迟，一般病情缠绵，不易速愈。但廖老认为一部分急性黄疸型肝炎也可归于阴黄的范畴，多因患者素体阳虚，如脾阳不振、心肾阳虚，或嗜食生冷，过用、久用苦寒败胃之品，必伤阳气，凉遏中阳，脾不行津，水湿凝滞，结于脉络，气机不通，肝胆失于疏泄，胆汁液外溢，显于肌肤，发为黄疸。其主要表现为身目发黄，色晦暗，合并一派阳虚之象，正如张介宾《景岳全书》云："其为病也，必喜静而恶动，喜暗而畏明。凡神思困倦，言语轻微，或怔忡眩晕，畏寒少食，四肢无力，或大便不实，小水如膏，及脉息无力等证，悉皆阳虚之候。"其病因为"七情伤脏，或劳倦伤形"。此种类型宜根据阳气虚衰的程度，选择调补心脾肾、辛温回阳，兼顾化湿退黄。正所谓"血气复则黄必尽退"。

2. 治疗肝炎的经验

（1）阳黄邪盛于表，使用凉散法，汗而发之

廖老认为太阳、阳明俱有发黄症，头汗出而身无汗，乃热不外越；小便不利，乃热不下泄，瘀热在里而渴饮水。邪气在太阳之表，故使用凉散法，汗而发之。正所谓："伤寒无汗，热不得外越，合湿瘀于里者，身必发黄。"凡伤寒汗不能透，见身发高热，少汗脉浮者，宜从汗解，麻黄连翘赤小豆汤主之。麻黄连翘赤小豆汤出自《伤寒论》，其组成为麻黄、连翘、杏仁、赤小豆、大枣、生姜、甘草、梓白皮（无梓白皮以黄柏代之）。纵观全方，麻黄、杏仁、生姜之辛温，以发越其表，赤小豆、连翘、梓白皮之苦寒甘以清热于里，大枣、甘草甘温悦脾，以为散湿驱邪之用，用潦水者，取其味薄，不助水气也。用于身发高热无汗，皮肤发黄之阳黄证。

（2）阳黄邪入于里，泻之于内

脾胃在生理上纳化相依、升降相因、燥湿相济，是人体的气血化生之源，阳明的热没有从阳明燥化，而是从太阴湿化，乃素体脾气不足，湿热相合，形成湿热发黄证候。廖老认为发黄症在阳明之里，当泻之于内，当使用逐秽

法。阳明湿热内遏，身发热，头有汗而身无汗，小便不利，渴欲饮水，胸腹胀满，大便秘结，脉缓滑或洪滑者，宜先下之，然后清其余热，茵陈蒿汤主之。茵陈蒿汤其组成为茵陈、栀子、大黄。本方为伤寒经方，茵陈清邪热，栀子通三焦，大黄除胃热，使瘀热从小便解，共奏清利湿热之功。治疗湿热蕴结，肝胆皮肤巩膜发黄之阳黄证。

（3）阳黄邪蕴三焦，应表里分消

湿热相合，胶结难分。无形之热以有形之湿为依附，湿郁则热愈炽，热蒸则湿愈动，遂弥漫于内外表里，充斥于三焦上下。所谓上焦如雾，中焦如沤，下焦如渎。若湿热阻滞于三焦，则势必影响气机之运行，以致三焦不畅，气机不通，气化不行。故治阳黄邪蕴三焦者必祛湿，祛湿之法必先调畅气机。廖老认为湿热壅滞于三焦，三焦不利，症见发热或壮热，食欲减退，恶心呕吐，腹部不适或微痛，便秘或腹泻，身面俱黄，小便赤涩，大便色白，舌苔黄厚腻，脉数者，加味温胆汤主之，轻者茵陈大枣汤主之。加味温胆汤组成为茵陈、豆卷、焦山栀、杏仁、薏苡仁、白豆蔻、熟军（便溏者去此味）、广陈皮、半夏、赤茯苓、枳壳、竹茹、连翘、神曲。此方以温胆汤为底方，理气和胃，助脾健运以祛湿，并同时宣畅气机，三仁同用，宣上、畅中、渗下，宣通三焦气机，再予茵陈、山栀等合而清解三焦之湿热。若壅遏不重，则投茵陈大枣汤，其组成为茵陈、大枣、神曲、麦芽。此方仅用大枣、神曲、麦芽养其脾胃，脾胃健运，枢机畅达，配合茵陈清解，气机得通，湿热自除，小便不利者再加车前子，助湿热渗利，解于下焦。"实脾"大法乃茵陈大枣汤之深层含义。以上二方均为廖老自制验方，治阳黄证湿热壅遏三焦者，若病机切要，投之甚效。

（4）阴黄调补心脾肾、辛温回阳，兼顾化湿退黄

阴黄多由内伤不足，脾阳不运，寒湿不化，症见身目发黄，色晦暗，神思困倦，言语轻微，脘闷腹胀，畏寒神疲，口淡不渴，或怔忡眩晕，畏重少食，四肢无力，或大便不实，小水如膏，及脉息无力等，舌淡白，苔白腻，脉濡缓或沉迟，宜茵陈附子理中汤。其组成为茵陈、潞党参、焦白术、茯苓、干姜、附片、炙甘草。此方为理中汤加味方，理中汤本为中土虚寒而立法，加附子而温运之力更强，为阴寒更甚的脾阳虚衰，寒湿不化，内蕴肝胆证，

可温煦命门之火，使太阴脾土得暖，脾阳得复，肝脾调和，脾气健运。茵陈为臣药，亦为使药，引方中诸药直达病所，温化寒湿以退黄。用于阴黄证，脾阳虚衰，寒湿内蕴肝胆者。

（5）自制验方肝炎合剂

肝炎合剂的组成为丝茅草30 g、三角风30 g、猪鬃草30 g、一面锣15 g。丝茅草即白茅根，功效凉血止血，清热利尿，用于血热吐血，衄血，尿血，热病烦渴，黄疸，水肿，热淋涩痛等；三角风即爬山虎，功效祛风除湿，通络，止血，解毒，治风湿痹痛，偏头痛，风湿疮毒，骨折等；猪鬃草，功效清热解毒，利尿消肿；一面锣也叫石蜘蛛，功效解毒消肿，散瘀止痛。四药合用，共奏祛湿通络，解毒退黄之功。以上四味皆草药，上方为一剂之量，对急性黄疸型肝炎甚是有效。通过一次36例肝炎患者的治疗，不过1周皆有显著疗效，因制为合剂，故名。若外地缺乏此药，即用上茵陈大枣汤，其效亦大，本方也曾观察治疗120余例肝炎，疗效理想。

3. 病　案

病案1：吴某，男，39岁。1960年6月住院治疗。

病史：面目周身发黄，精神疲倦，尿如浓茶，大便灰白，食后腹胀，两下肢浮肿，腹有水声。西医诊断为急性黄疸型肝炎。

诊断：黄疸。

辨证：邪蕴三焦，水湿停滞。

治法：燥湿健脾，宣畅气机。

处方：三仁汤加减：

杏仁9 g	白蔻仁3 g	苍术9 g	油厚朴9 g
薏苡仁18 g	茵陈12 g	豆卷12 g	茯苓皮15 g
广陈皮9 g	藿香9 g	半夏9 g	滑石15 g

二诊：上方3剂后，大便转黄，周身黄色渐退，食量亦增，唯口苦咳嗽。调整处方为：

| 茵陈12 g | 豆卷12 g | 焦山栀9 g | 姜半夏9 g |
| 神曲9 g | 藿香9 g | 厚朴花9 g | 竹茹6 g |

白蔻壳 9 g　　　广陈皮 6 g　　　浙贝母 9 g

酒制大黄片（分 3 次冲）15 片

3 剂后下肢肿消，身黄大减，腹已不胀，食量大增，嘱出院后服补中益气丸 60 g，复来检查肝功能已恢复正常。

按语： 本例辨证为湿温发黄，较湿热证稍轻，药用三仁汤加味，除湿醒脾，芳香逐秽。湿重于热，故不过用苦寒之品以避免损伤阳气，旨在醒脾除湿，芳香逐秽，用药后患者下肢肿消，身黄大减，腹已不胀，食量大增，乃湿热渐除征象，收效后用补中益气丸健脾益气，以助脾健运。

病案 2：张某，男，18 岁。1960 年 7 月住院治疗。

病史： 患者入院以前，自觉腹胀恶心、恶寒发热，治疗无效，来院治疗。面部浮肿，小便短黄，周身皆黄，右上腹时痛，大便黑色而溏泄，食欲不振，头重昏胀，夜热多汗，舌红苔黄腻，脉濡数。西医诊断为黄疸型肝炎。

诊断： 黄疸。

辨证： 湿热内遏，气机阻滞。

治法： 祛湿清热，宣畅气机。

处方： 三仁汤合茵陈蒿汤加减：

杏仁 9 g　　　茵陈 12 g　　　白蔻仁 3 g　　　豆卷 12 g
薏苡仁 15 g　　广陈皮 6 g　　 通草 6 g　　　　神曲 9 g
半夏 9 g　　　 滑石 12 g　　　焦山栀 9 g　　　油厚朴 9 g
竹茹 9 g　　　 茯苓皮 12 g

二诊：2 剂后，头已不胀，小便渐利，腹胀亦减，黄色渐退，食欲转好，大便尚泄，夜热多汗，聚湿尚多，温胆汤加减：

苍术 9 g　　　焦白术 9 g　　　猪苓 9 g　　　　茯苓 9 g
肉桂 3 g　　　泽泻 9 g　　　　广陈皮 9 g　　　神曲 9 g
豆卷 12 g　　 葛根 60 g　　　 薏苡仁 15 g　　　茵陈 12 g
焦山栀 9 g　　雅连 6 g　　　　秦艽 6 g

5 剂后，黄色全退，精神食欲大振，乃出院。

按语： 本例结合患者舌脉，舌红苔黄腻，脉濡数，中医辨证为湿热发黄，无表里证。本例较上例热像稍重，方用三仁汤合茵陈蒿汤加减。热重于湿，不用大黄，而以栀子清三焦之热。辨证准确，故能迅速缓解其黄疸症状。

病案3：范某，女，25岁。1960年3月住院治疗。

病史：患者头目昏胀，胃脘疼痛，呕不欲食，服西药胃痛片，痛稍缓，呕吐转剧，喜热饮，巩膜皮肤皆黄，小便短赤，脉迟小。西医诊断为黄疸型肝炎。

诊断：黄疸。

辨证：寒湿内郁，脾阳不振。

治法：健脾温阳，散寒祛湿。

处方：茵陈理中汤加味：

潞党参 12 g	焦白术 12 g	炮干姜 3 g	炙甘草 3 g
雅连 3 g	吴茱萸 3 g	砂仁 6 g	茵陈 9 g
半夏 9 g	延胡索 6 g	香附 9 g	高良姜 3 g

二诊：3剂后，腹痛呕吐均除，黄色未退，小便短赤，不思食，黄疸指数32单位，再予温化脾湿，处方如下：

潞党参 15 g	焦白术 12 g	炮姜 6 g	炙甘草 6 g
砂仁 6 g	姜半夏 9 g	茵陈 9 g	薏苡仁 15 g
茯苓 12 g			

7剂后，黄色全退，小便转清，食欲加强，黄疸指数 10 μmol/L 单位，已复正常，乃出院。

按语：本例中医辨证为阴黄寒湿内郁，脾阳不振，脾不行津，水湿凝滞，结于脉络，气机不通。法主辛温，此阴黄之轻者，故用茵陈理中汤加味，只加高良姜、吴茱萸以鼓动脾阳，即可显效而收功。

病案4：何某，男，32岁。1960年7月住院治疗。

病史：患者周身发黄，小便深黄而短，大便绿色，日溏泄三四次，精神疲倦，食欲减退，经西药不效。苔白腻，脉细弱。西医诊断为黄疸型肝炎。

诊断：黄疸。

辨证：寒湿不化，脾肾阳衰。

治法：调补脾肾，辛温回阳。

处方：茵陈附子理中汤加味：

潞党参 24 g	焦白术 24 g	炮姜 9 g	炙甘草 6 g
砂仁 9 g	姜半夏 12 g	茵陈 12 g	芡实 15 g
附片 12 g	藿梗 9 g	上桂 6 g	炒薏苡仁 18 g

二诊：5剂后，黄色减退，大便正常，尿色转淡，精神食欲转好，脉仍细弱。处方如下：

潞党参 24 g	焦白术 6 g	炮姜 6 g	附片 9 g
上桂 3 g	砂仁 9 g	半夏 12 g	茯苓 15 g
黄芪 15 g	芡实 15 g	藿梗 9 g	茵陈 12 g
炙甘草 9 g			

上方服10剂，诸恙全无，黄疸指数降至正常值，遂痊愈出院。

按语：本例阳衰重于案3，虽都使用茵陈理中汤治疗，但本例使用了大辛大热的附片、肉桂两味，温补命门之火，使太阴脾土得暖，脾阳得复，散寒祛湿以退黄。案3、4同为阳虚，虚中又分轻重，临床治疗，当仔细辨证，遣方用药。

十一、对慢性无黄疸型肝炎的认识和治疗

慢性无黄疸型肝炎常常是由急性乙型、丙型等肝炎久治不愈，病程一般超过半年，而转为慢性的肝脏炎症及肝细胞坏死，故亦名传染性肝炎。实验室检查可以表现为轻度肝功能损害，后期可出现各项生化指标的明显异常。慢性肝炎大多是由乙型病毒性肝炎发展而来的，2022年全世界约2.54亿人有慢性乙型肝炎感染。慢性肝炎的后果是进展为肝纤维化，并发展成为肝硬化、终末期肝病。丙型肝炎病毒感染10年和20年以上的肝硬化发生率分别为9.20%和15.29%。我国因肝病死亡的人数每年约35万，慢性肝炎已成为对我国人民健康危害广、后果严重的传染病之一。

慢性无黄疸型肝炎临床表现为皮肤不发黄，小便亦无黄色，大便色正常，与黄疸型肝炎迥然不同。其症见右胁肋胀痛，肝脏肿大，胃脘胀满，身体衰弱，多劳则肝益肿痛，倦怠无力，消化不良，失眠多梦，或大便溏泄，下肢

浮肿，脉濡弱缓小。此病属于慢性，病程甚长，颇类于中医古籍中的肝气病，属于中医病名"胁痛""腹胀""郁证"等范畴。《素问·四气调神大论》谓"逆春气，则少阳不生，肝气内变"，《医学大辞典》释曰"此症由血液不足，致经络气虚膜胀，或胸肋痛闷，而迫胃呕吐，而或两胁作痛，或腹中攻扰，而迫肠泄泻"，此与现代医学的无黄疸型肝炎症状大略相同。慢性肝炎大都有急性肝炎失治或迁延、反复之病史，中医认为，多属湿热未净，迁延不愈所致。湿热困遏脾胃，损伤肝体，脾失健运之职，肝失疏泄之能，可表现为湿热气滞之证。病程经久，或未经适当休息和积极治疗，湿热两伤肝脾，脾虚则气血生化乏源，肝体既损，复失所养，则可造成肝脾两虚。若进一步发展，则脾土衰败，瘀血内著，可导致症积、臌胀之变。若患者素体阳气不足，或湿重于热，耗伤阳气，可进一步造成脾肾阳虚。若患者素体阴分不足，或胃热素盛，则湿从热化，灼伤肝肾之阴，可导致肝阴虚，甚至肝虚血热之证。且本病与脾肾关系密切，湿热、疫毒内留和气血瘀滞日久，进而导致脏腑功能失调，气血阴阳俱损。

总而言之，其主要病机为本虚标实，湿、热、毒、瘀为标，肝、脾、肾亏损为本。多由实致虚，因虚致实，或虚实夹杂，治宜扶正祛邪，标本兼顾。

1. 对无黄疸型肝炎病因病机的认识

廖老认为此病有由内伤而起者，亦有由外感传染而得者，其因虽异而症则相同，亦必其人先有内伤，抵抗不足，而后外邪乃得乘虚而入。又张景岳谓："此症由内伤虚损而成，凡房劳过度，肾虚羸弱之人，多有胸肋间隐隐作痛。此肝肾精虚，不能化气，气虚不能生血而致。又或由忧思过度，耗伤心脾，或劳力过度，内伤肝脾气血，皆为此病之主因。"凡人之气血，犹泉源也，盛者流畅，少则壅滞，故气血不虚则不滞，虚则无有不滞者。倘于此症，不知培养气血，而但知行滞通经，则愈行愈虚，鲜有不殆者。盖此病之肝脾肿大，乃由气虚血滞而肿胀，血虚络阻而疼痛，但予补其气血，助其流通，复其营卫循环之常，则肿胀自然消失；最忌克伐破削，特以增其肿痛，而延为肝硬化，则益难治矣。廖老指出该病属于虚者十常八九，而皆属于慢性，有延至数年不疗者,此与急性黄疸型肝炎之疗程相差甚巨,其难易亦迥然不同。倘得适当疗法,轻者一月可愈,重则半年始可恢复,又必须有良好营养、充分休息,然后得如期而愈,否则难效也。

廖老对慢性无黄疸型肝炎的主要病因病机认识包括肝气不调、气血阴阳两亏、感染邪毒。正如《素问·阴阳应象大论》篇中有"喜伤心,忧伤肺,怒伤肝,思伤脾,恐伤肾",这也是"七情致病"学说的理论源头。其次,此病发生发展与内伤关系密切,既非湿热亦非寒湿,凡治黄疸型肝炎诸方,皆不可施,即一般清肝泻肝、破气逐瘀之品,皆在所忌。只宜养肝柔肝,调理肝脾之虚,舒达肝气,以畅升降之机,使气血日复,营卫流通,则肝功能自得恢复,其病可愈。但须分别患者机体阴阳的偏胜及病之新久,而随证施治,庶可获得良效。

2. 治疗无黄疸型肝炎的经验

（1）肝郁既是发病之因又是获病之果,当疏肝柔肝

肝位居膈下,内藏阴血,故其体为阴;肝司疏泄,性喜条达,内寄相火,主升主动,故其用为阳。正所谓肝为刚脏,以血为体,以气为用,体阴而用阳。在生理上,肝血充沛,肝体不燥,则疏泄有度。肝之气机调畅则血能正常归藏和调节而不致瘀滞于肝。因此廖老治疗慢性无黄疸型肝炎的用药特点是"舍刚而取柔""忌伐而宜和",以柔肝、养肝为基础,加以辨证施治。认为凡无黄疸型肝炎初起,而见时寒时热,呕吐吞酸,嘈杂胸痛,右胁疼痛,或胁肋胀硬,少腹膨胀,大便不爽,脉沉弦或缓大,口苦苔薄等症,先以加味逍遥散治之,待其痛胀减轻,再察其阴阳虚实,随证施治。

加味逍遥散为廖老自制验方,其组成为白术、茯苓、当归、杭白芍、柴胡、金铃子、延胡索、乳香、枳壳、砂仁、厚朴、炙甘草。如肝区痛甚,先用逍遥散加川芎、细辛、陈皮、生姜,得速效。加味逍遥散遵循"舍刚而取柔、忌伐而宜和"之大法,以柔肝、养肝为基础,行气止痛为配伍。药用白术、白芍、当归、茯苓四味健脾养肝;以柴胡、金铃子、延胡索、乳香、枳壳、厚朴六味疏肝理气,活血止痛。此方为攻补兼施、攻多于补之方剂。用于治疗身体尚无明显虚象,而以气滞为主要表现,且气滞较甚者。

（2）肝肾同源是生理基础，肾虚精亏、水不涵木是病机关键

一方面，肝肾母子相生，一旦肾阴精耗竭，可以引发"母病及子"等证，"肾病及肝"表现为肾阴亏虚，水不涵木，引起肝阴不足，阴不维阳，阳失制约，肝阳偏亢；另一方面，肾藏精，主骨生髓，骨中精髓与血液相互化生，可以滋养肝血，此即所谓"血之源头在乎肾"。故廖老指出，凡慢性肝炎，肝脏肿大疼痛，肝区灼热，口干舌燥，胸腹痛闷，大便燥结，脉弦细数，此属阴虚血燥，津液衰少，水不涵木，肝失濡养，郁而不舒，宜加味复脉汤最效。

加味复脉汤乃廖老的自制验方，其组成为生地、生杭白芍、天冬、阿胶、火麻仁、鳖甲、生牡蛎、女贞子、金铃子、延胡索、雅连、吴茱萸、软柴、炙甘草。此方以"肝肾同源"为立方基础，紧抓肾虚精亏、水不涵木为其病机关键，以二甲复脉汤为框架，佐以疏肝、柔肝、养肝。用生地、白芍、天冬、阿胶、女贞子、鳖甲、火麻仁七味药，柔肝养阴，补血润燥为主，以补肝肾之阴血；用金铃子、延胡索、牡蛎、黄连、柴胡五味疏肝理气，活血软坚。用于治疗水不涵木之肝肾阴虚者。

（3）临证治肝，尤重实脾，实脾以温阳为大法

肝脏体阴而用阳。血属阴，气归阳，其"用"具体表现为肝气和肝阳是肝脏之机能活动。"阳主煦之，阴主濡之"，脾胃为后天之本、气血生化之源，位居中焦，乃气机升降之枢，肝之疏泄太过则横逆犯脾乘胃，久而久之，脾阳亏损，以致脾升不健，运化失职，胃降不和，气血生化乏源。所谓"见肝之病，知肝传脾，当先实脾"，廖老认为凡慢性肝炎无论新久，肝区肿大痛胀而硬，脾脏亦肿大或痛，食欲不振，厌恶油荤，精神疲倦，头目眩晕，腰部疼痛，劳动行路则胁痛加剧，胃脘胀闷，大便或溏或秘，脉或濡或弱或缓小，此属肝脾气血两衰，阳气式微，法当温养肝脾可收全效，加味归脾汤最为特效。

加味归脾汤为廖老自制验方，其组成为潞党参、白术、茯苓、炒枣仁、黄芪、秦当归、酒芍、广香、桂圆肉、肉桂、木瓜、淮山药、炮姜、炙甘草。如食少腹部胀甚，阳气太虚者，加附片、砂仁。此方以"温阳实脾"为大法，用潞党参、白术、茯苓、黄芪、桂圆肉、肉桂、当归、白芍、山药、炮姜、

杏仁以补益心脾肝肾之气血阴阳，略加广香、木瓜理气除湿通络。用于肝脾气血两衰，阳气式微者。

3. 病 案

病案1：史某，男，53岁。1960年3月至7月住院治疗。

病史：患者两胁疼痛已久，更兼腹胀腹泻，经常头目昏痛，夜间潮热盗汗，舌赤无苔，脉细数。西医诊断为慢性无黄疸型肝炎。

诊断：胁痛。

辨证：水不涵木，肝气横逆。

治法：育阴潜阳，疏肝通络。

处方：加味复脉汤：

生熟地各15 g	淮山药18 g	阿胶12 g	杭白芍15 g
生牡蛎30 g	二蒺藜各9 g	五味子6 g	木瓜12 g
龙骨24 g	酸枣仁9 g	珍珠母60 g	鳖甲12 g
麦冬12 g	首乌15 g	炙甘草3 g	

二诊：7剂后，潮热盗汗皆退，肝脏肿痛大减，继续前法加减：

生熟地各12 g	秦当归9 g	杭白芍12 g	沙参24 g
寸冬12 g	女贞子18 g	金铃子9 g	枸杞子12 g
淮山药15 g	牡蛎30 g	郁金6 g	枳壳6 g
木瓜12 g	炙甘草9 g		

上方随时各有加减，30余剂后症状完全消失，复查肝功能已渐恢复，乃出院。

按语：患者以"两胁疼痛，腹胀腹泻，头目昏痛，潮热盗汗"为主要症状，此乃阴虚于下，阳亢于上，肝气横逆，结合患者舌脉，舌赤无苔，脉细数，中医辨证为肝郁肾虚，水不涵木，治法育阴潜阳，疏肝通络，用生熟二地、山药、阿胶、白芍、五味子、酸枣仁、麦冬、首乌柔肝养阴，补血润燥，以补肝肾之阴血；用生牡蛎、蒺藜、木瓜、龙骨、珍珠母、鳖甲以平肝潜阳通络，炙甘草调和诸药，并缓急止痛。辨证准确，遣方用药得法，并随证加减，故7剂症减，30剂收效。

病案 2：徐某，男，37 岁。1960 年 8 月至 10 月住院治疗。

病史：患者右胁常痛，病已 2 年，劳动则肿痛益甚。经检查，肝在肋下约 4cm。午后潮热，头昏食减，脉弦数。西医诊断为慢性无黄疸型肝炎。

诊断：胁痛。

辨证：阴虚血燥，肝郁脾虚。

治法：滋阴养血，疏肝理脾。

处方：加味复脉汤：

生地 30 g	杭白芍 12 g	阿胶 12 g	二蒺藜各 9 g
牡丹皮 9 g	柏子仁 9 g	牡蛎 30 g	鳖甲 24 g
石决明 30 g	女贞子 15 g	延胡索 6 g	金铃子 9 g
木瓜 12 g	寸冬 12 g	火麻仁 12 g	炙甘草 9 g

二诊：服上方 15 剂后各症皆大减，肝功已正常，肝在肋下 2cm，质已软。原方又服 30 余剂，遂诸症消失，乃出院。

按语：患者以"胁痛，午后潮热，头昏食减"为主要症状。结合患者舌脉，此属阴虚血燥，木旺自贼，法当养阴柔肝，活血通络可效。与案 1 病机同属肝郁肾虚，水不涵木，故继续以此法则治疗，随症加减药味，以金铃子散活血行气止痛，守法守方而愈。

病案 3：张某，女，24 岁。1961 年 3 月 10 日至 5 月 4 日住院治疗。

病史：患者右肋下及剑突下间阵性痛，病发月余，肌肉日益消瘦，精神萎靡不振，稍劳则肋间痛甚，睡眠不安，头目昏晕，脉缓弱，不忍重按。西医诊断为慢性无黄疸型肝炎。

诊断：胁痛。

辨证：肝郁血虚，气血不足。

治法：疏肝养血，补益心脾。

处方：加味归脾汤：

潞党参 15 g	白术 9 g	茯神 9 g	酸枣仁 12 g
黄芪 15 g	秦当归 9 g	桂圆肉 12 g	杭白芍 9 g
木香 6 g	香橼 9 g	五味子 18 g	上桂 3 g
炮姜 6 g	炙甘草 9 g		

上方先后略有增减，共服30余剂后，肝脏日渐缩小，由肋下四横指缩至半横指，几不可扪及，痛胀全消，精神食欲加强，复查肝功能已正常，乃出院。

按语：患者属肝脾同病，脾升不健，运化失职，胃降不和，气血生化乏源。偏重脾气不足，气血两虚，以"健脾安神，补气养血"为治则，以潞党参、白术、黄芪补气健脾以填其虚，以茯神、酸枣仁、秦当归、桂圆肉、杭白芍、五味子、上桂、炮姜、炙甘草健脾安神，和血温阳，以木香、香橼行气疏肝运脾，防止滋腻，也起调达肝木之意。最后随证加减，故显效而收功。

病案4：李某，女，24岁。1961年4月至5月住院治疗。

患者右肋疼痛，恶心呕吐，大便滑泄，头面及下肢皆浮肿，精神困烦，不思行，行动则肝区阵痛，检查肝在肋下四横指，脉濡细。西医诊断为慢性无黄疸型肝炎。

辨证：中阳虚衰，脾虚失摄。

治法：温阳健脾，补气升提。

处方：附桂理中汤加减：

潞党参18 g	白术12 g	益智仁9 g	广陈皮9 g
茯苓9 g	黄芪30 g	炒白芍12 g	广香3 g
山萸肉12 g	上桂6 g	附片30 g	炮姜9 g
炙甘草9 g			

5剂后浮肿全消，食增泻止。即以本方加减，继服20余剂，肝遂缩小，肿痛消失，复查肝功已正常，乃出院。

按语：患者大便滑泄，头面及下肢皆浮肿，精神困烦，不思行，病机偏重脾阳虚衰，脾虚失摄。"见肝之病，知肝传脾，当先实脾"，以"实脾"为大法，以"健脾温肾，补气升提"为治则，以附、桂、炮姜辛温回阳，以参、芪、术、草益气健脾升提，益智仁、山萸肉补肾等，芍药防止过于辛燥，陈皮、茯苓健脾祛湿，最终取得疗效。

十二、对肝硬化腹水的认识和治疗

肝硬化腹水是肝硬化门静脉高压的常见临床表现，10年内有60%～80%的肝硬化患者出现腹水症状，一旦出现腹水5年生存率即由80%降至50%，随着肝脏疾病的进展每年约有5%～10%的腹水进展为难治性，其中位生存时间仅为6～12个月。目前肝硬化腹水的主要治疗措施有戒酒、限钠饮食、使用利尿剂、补充白蛋白、放腹水、经颈静脉肝内门腔静脉分流术(TIPS)、肝移植等；其中，顽固性腹水的诊治指南更强调大量放腹水联合补蛋白、经颈内静脉肝内门腔静脉分流术及肝移植3项治疗。但是目前西医对该病仍未取得理想的治疗效果且复发率高，而中医从整体观念辨证论治和特色治疗出发，对肝硬化腹水的治疗取得了一定的疗效，并提高了患者的生存质量。

肝硬化腹水，即中医古籍中之臌胀病，又名蛊胀、蜘蛛蛊等。其症状以腹部胀大、皮肤颜色苍黄、脉络暴露为主要表现。臌胀一病，其因则繁，有寒臌、热臌、气臌、食臌、血臌、水臌等种种不同，诸病不因于虫，故名蛊胀。但称臌胀，臌者鼓也，以其腹之胀大如鼓也。

《素问·六元正纪大论》谓："厥阴所至，发为膜胀；太阴所至为中满。"由厥阴者，是言肝脏气滞血瘀，经络阻塞，水道不通，发为胀满，此与门静脉阻塞之理相同。由太阴者，言脾不运化，水湿停聚，发为臌胀。又《医学大辞典》谓："蛊胀一症，由湿热积滞，或内伤瘀血，或三虫为患，然皆由于脾胃虚弱，失运化之效，阳气为邪气所阻遏，不能周行于身，致邪气据腹而为胀，其与臌胀相异之点，在臌胀脉浮而此脉实，臌胀之腹按之而不起，此症则按之而随手起也。"

中医认为本病的主要病机特点为肝、脾、肾受损，三脏功能失调导致气滞、血瘀、水湿互结为病。辨证与辨病相结合，治疗多采用益气健脾、活血化瘀、补益肝肾、清热利湿、疏肝理气等治疗，廖老认为本病为本虚表实之症，脾肾亏虚为本，水湿瘀血为标，尤其强调正气邪气的偏盛对比，或以攻逐水湿瘀血为主，或以补虚为主，或攻补兼施；临证分湿热、虚寒，分别治疗。

1. 对肝硬化腹水病因病机的认识

廖老认为，肝硬化腹水一病，有两种类型：第一种，因外邪虫毒侵入人体，久而肝脏气滞血瘀，经络阻塞，水道不通，而发生严重腹水。第二种，因其人情怀不畅，多郁多怒，肝气不舒，营卫阻滞，三焦壅塞，更兼营养不良，或劳倦伤脾以致脾脏功能减退，不能运化水湿，肝不疏泄则水道不通，脾不运化则排泄无权，因而水气停聚，发为胀满。以上两种原因，都极易造成腹水。由外邪虫毒而病者为外因，由肝郁而病者为内因。

廖老指出，无论其为臌胀或为蛊胀，既成腹水，则身中元气已严重伤损，肝脾两脏之虚已近极点，不必强分其属肝属脾，亦不必强调其孰为外邪虫毒，孰为本脏自病。在脏腑虚弱的基础上，廖老尤其重视其寒热辩证，并对比正气邪气孰轻孰重，寒热虚实四纲认清后，治疗上自然无误。

廖老认为，臌胀之起于湿热者，乃湿、热、毒、瘀为患，湿热互结，内蕴脏腑，气机失调，腑气不通，浊气上冲，恶症丛生。湿热疫毒，伤津耗液，炼血为瘀，湿热瘀毒互结，久而久之，损及脾脏，运化失司，壅滞气机，水气停聚，则成胀满。正如《素问·至真要大论》谓："诸胀腹大，皆属于热。"《丹溪心法》谓："清浊相混，隧道壅塞，气血凝聚，郁而为热，热久成湿，湿热相生，遂成胀满臌胀。"

廖老认为病机为中脏虚寒、寒湿不化者，其病因为嗜食生冷、久病体虚，加之久用苦寒，必伤阳气。脾阳不振，脾不行津，水湿凝滞，腹水则成。《素问·阴阳应象大论》又谓："浊气在上，则生䐜胀。"注者谓："气即寒气也，寒气在上，聚而不散，则成胀满。"此是因内脏虚寒而成臌胀者。

至于虚实的鉴别，凡肝硬化已临到晚期发生腹水，其内脏元气早已亏损。朱丹溪谓："臌胀乃脾虚之甚，正气不能运行，浊气滞塞于中，扶其正气，使其自然健运，邪无所留，而胀消矣。"冯楚瞻谓："臌胀有气有血，寒与热之殊，多由木邪克土，脾病不能运化水谷，须以补脾制肝，消导为主。"综两家所论，皆认为此病为大虚，只宜扶助正气，不可攻伐。唯徐灵胎则谓："胀满之病，即使正虚，终属邪实，胀满必有形之物，宜缓缓下之。"廖老认为此种主张尤为正确，常本此方针，以为治疗。凡病员机体尚未大虚，为患未久，则用先攻后补之法。如患者机体已虚，或衰老病久，则用先补后攻，或一攻三补，或攻补兼施之法。再察其兼寒兼热而随证加减，不急于求效，但耐心缓以图之，则邪去而正不伤，正强而病自愈，常达到最高的疗效。但此病虽愈，仍须多服培补之品，注意休息，适当营养，庶免复发。倘劳动太早，营养不良，培补不足，往往复发，复发则难治，三发则不可治矣。此医者病者所当知也。

2. 治疗肝硬化腹水的经验

（1）对比正气邪气孰轻孰重，审时度势，祛邪扶正

廖老自制扶正祛邪专药专方有三：逐瘀分消汤、健运分消汤、叫梨子散。

逐瘀分消汤用于邪实而正气尚未大虚者，症现腹胀如瓮，不思饮食，两胁胀闷，小便不利，腹部扣之有水浪感，或兼下肢浮肿，脉弦滑，舌苔黄白者。先服此方三剂之后，兼服巴遂散或叫力散以逐其水。逐瘀分消汤的组成为潞党参、黄芪、苍术、白术、茯苓、琥珀末、麝香末、醋鳖甲、青皮、广香、砂仁、桃仁、大腹皮、三棱、牵牛子。

若正气已经大虚，机体虚弱，元气已衰，腹胀已久，难任攻下，脉濡小者，可予健运分消汤，其组成为高丽参、潞党参、焦白术、茯苓、炒淮山药、厚附片、干姜、肉桂、广皮、白蔻仁、黄芪皮、砂仁、鸡内金、鳖甲、荆三棱、桃仁泥。此方三补一攻，或五补一攻，且攻且补，以愈为度。先服此方，以培元气，助其健运。每察其脉症好转，再服逐水之方以泄之。

逐水可选叫梨子散，其组成仅叫梨子一味，此方乃平下剂，无较大偏性，较巴遂散为平和，可随证、随量加减。

（2）湿热内蕴，尚未大虚，先攻后补

廖老一般用黄遂散治疗肝硬化腹水辨证为湿热者，其症必兼口渴，舌黄，腹中常有灼热之感，大便秘结，小便短黄，脉沉数，是不难分辨者。黄遂散组成为酒大黄、炒甘遂。此方为寒下代表方，凡患者机体尚未大虚，湿热为患，用此方先攻，后可用逐瘀分消汤、健运分消汤等扶正培元。正所谓"先开门驱寇，再闭户内养"。

（3）中脏虚寒，寒湿不化，先补后攻，或一攻三补

根据廖老临床观察，臌胀属于虚寒者最多，属于热者则甚少。可辨证使用健运分消汤扶正，待正气渐长，再运用巴遂散温下。巴遂散为廖老自制验方，为温下法代表方，其组成为巴豆霜一分、炒甘遂一钱。其方证必兼面色苍白，舌淡无苔，口不渴，大便溏泄，消化不良，脉濡弱、迟小，与热证大有区别。总之，虚寒者应审时度势，宜先补后攻，先培补元气，或一攻三补，固护脏腑功能，方得稳妥。

须根据病员正气盛衰，拟订不同的疗法：如患者机体尚未太虚，为患未久，采用先攻后补之法；如患者机体已虚或衰老病久，则用先补后攻或一攻三补，或攻补兼施之法，这些都属于难得的经验之谈。

3. 病　案

病案 1：刘某，男，24 岁。1964 年 7 月至 8 月住院治疗。

病史：患者感腹胀 3 个月，初不甚觉，日渐隆起，如孕状，每午后益甚，食不敢饱。下肢有轻度浮肿，面容消瘦，小便短黄，屡经中西医治疗无效。近来腹围益大，有如抱瓮，精神不支。西医诊断为肝硬化腹水。检查腹围 98cm。舌光无苔，脉弦缓，尚有神气。曾服健脾行水之方多剂而无效。

诊断：臌胀病。

辨证：脾虚不运，气滞水停。

治法：补气运脾，行气逐水。

处方：逐瘀分消汤加减：

潞党参 24 g	焦白术 18 g	苍术 9 g	鳖甲 24 g
三棱 9 g	广香 6 g	砂仁 9 g	大腹皮 12 g
厚朴 9 g	牵牛子 15 g	茯苓 30 g	麝香（冲）0.3 g
鸡内金 12 g	琥珀（冲）3 g		

先服巴遂散，巴豆霜 0.6 g、甘遂 6 g，共末细，先服一半，留一半。

二诊：前方连服 2 剂及巴遂散 1 次，大便泄水 10 余次，腹感轻快。原方再服 2 剂。

三诊：症状益减，小便增多，但夜间腹仍胀，阳气式微，积水尚多，宜攻补并施。处方为补中益气汤加减：

潞党参 24 g	白术 24 g	黄芪 24 g	附片 15 g
炒干姜 9 g	桂枝 12 g	广陈皮 9 g	升麻 3 g
柴胡 5 g	泽泻 15 g	茯苓 18 g	杜仲 15 g
枸杞子 12 g	白蔻仁 5 g		

金匮肾气丸 15 g，同煎，再服巴遂散半包。

四诊：服前方 2 剂及巴遂散 1 次，又大便泄水 10 余次，腹中积水全消，腹围已减至 75cm，恢复正常，精神食欲皆好转，只宜调补，不可再攻。处方为健运分消汤加减：

潞党参 24 g	焦白术 18 g	黄芪 24 g	上桂 6 g
杜仲 15 g	茯苓 24 g	白蔻仁 5 g	淮山药 24 g
枸杞子 12 g	广陈皮 9 g	砂仁 6 g	广香 3 g
槟榔花 9 g	川椒炭 5 g	肾气丸 15 g	

同煎。

又 5 剂后，腹已柔软如常人。夜间亦不腹胀，精神复原，欢欣出院。又为其出一善后方，嘱其回家多服，以免复发。处方为补中益气汤加减：

潞党参 18 g	白术 12 g	黄芪 15 g	秦当归 12 g
广陈皮 6 g	砂仁 6 g	茯苓 12 g	升麻 3 g
柴胡 3 g	谷芽 12 g	淮山药 18 g	炙甘草 3 g
炮姜 3 g			

按语：本例患者舌光无苔，脉弦缓，尚有神气，正气尚未大虚，辨证为脾虚不运，气滞水停，治法当补气运脾，行气逐水，先攻后补，并扶其正气，使其自然健运，邪无所留，而臌胀可消；运用攻邪之法后，患者精神食欲皆好转，此时只宜调补，不可再攻。此乃攻补之精妙所在。

病案 2：朱某，男，50 岁。1964 年 3 月至 4 月住院治疗。

病史：患者形容消瘦，腹部日渐胀大，久而隆起如瓮，腹中常痛，食欲减退，巩膜发黄，大便如常，小便短黄，舌光无苔，脉濡弱。经检查臂有蜘蛛痣，腹围 97cm，腹壁静脉怒张。西医诊断为肝硬化腹水。此属臌胀之重症，顽固难治，先经注射撒利汞，小便虽增多，但腹胀不减，当先攻后补。

诊断：臌胀病。

辨证：湿热入营，脾虚气滞，水湿内停。

治法：逐水祛湿，补气运脾，培元固本。

处方：逐瘀分消汤加减：

潞党参 24 g	白术 24 g	苍术 9 g	厚朴 9 g
广陈皮 9 g	郁金 9 g	茯苓 24 g	泽泻 15 g
牵牛子 15 g	广香 6 g	鸡内金 12 g	鳖甲 24 g
三棱 9 g	白蔻仁 5 g	砂仁 9 g	

兼服巴遂散半包。

二诊：服上方2剂，巴遂散1次，大便畅泄水10余次，腹围大减，腹痛亦除。因其脉濡弱，不敢再攻，且予健中温运，使中气强，余水自清。处方为健运分消汤加减：

潞党参 24 g	白术 24 g	黄芪 24 g	广陈皮 6 g
白豆蔻 3 g	砂仁 6 g	附片 24 g	桂枝 9 g
杜仲 12 g	炮姜 9 g	补骨脂 12 g	泽泻 12 g
炙甘草 3 g	茯苓 18 g	川椒炭 5 g	

上方连服5剂，腹已柔和如常，精神食欲完全恢复正常，乃欣谢出院。嘱其常早服补中益气丸，暮服八味地黄丸，庶免复发。

按语：本例其症腹围皆达90 cm以上，势极严重。初服健脾行水之药及利尿剂注射，毫无寸效。因察其神气尚未大虚，乃放胆先用巴遂散以逐其水，服后腹围顿减。之后用温补脾肾之法固护正气，早服补中益气丸意为升提脾气，助旦时人气升发，暮服八味地黄丸意为培补肾元，以固其本。且攻且补，收效而愈，可防复发。

十三、对胃溃疡的认识和治疗

胃溃疡是常见病、多发病之一，临床上以食管、胃、十二指肠、胃一空肠吻合口附近、Meckel 憩室较为常见，其发生主要与黏膜损害和黏膜自身防御修复等因素之间失衡有关。幽门螺杆菌感染、非甾体抗炎药、胃酸分泌异常是其常见病因，药物、应激、激素等可导致溃疡，心理因素及不良生活习惯均可诱发溃疡，上腹部疼痛是其主要的症状，该疼痛也可以游离至左上腹、胸骨、剑突后，该疼痛性质常为隐痛、钝痛、胀痛、烧灼样痛。典型的胃溃疡疼痛具有长期性、周期性和节律性等特点。近年来，受饮食结构、生活条件、环境因素、社会压力、心理压力等条件的影响，人群中胃溃疡的发病率呈逐年上升的趋势，最新研究结果显示，全球范围内其发病率在 5%～10%，胃溃疡癌变的可能性较高，研究发现，其癌变率和死亡率分别为 1.5%和 2.5%。且胃溃疡的发病具有明显的季节特征，秋冬季节是该病的高发季，而春夏季其发病率则较低，中老年群体是该病的主要好发人群。胃溃疡的发病呈明显的性别差异性，男性群体高于女性群体。胃溃疡的发病具有明显的发病率高、并发症发生率高和治愈低、复发率高、有恶变倾向等特点。西医临床上治疗胃溃疡的药物主要有抗酸剂、抑酸剂、黏膜保护剂和抗菌药物等。中医结合中医理论，对胃溃疡的认识不断深化，治疗特色明显，疗效显著。

　　胃溃疡病，即中医之胃痛。《灵枢·邪气脏腑病形》曰："胃病者，腹䐜胀，胃脘当心而痛。"并提出胃痛发生与肝、脾有关，如《素问·六元正纪大论》曰："木郁之发，民病胃脘当心而痛。"《灵枢·经脉》道："脾足太阴之脉……入腹，属脾，络胃……是动则病：舌本强，食则呕，胃脘痛，腹胀，善噫，得后与气，则快然如衰。"《灵枢·胀论》谓："胃胀者，腹满，胃脘痛，鼻闻焦臭，妨与食，大便难。"《难经》云："胃者水谷之海，主禀四时，皆以胃气为本，是谓四时之变病，死生之要会也。"古人每将与消化性溃疡相近似的病症，依其综合征的差别而有胃痛、胃脘痛、胃心痛、肝胃气痛种种名目。唐宋以前的文献多称胃脘痛为心痛，与属于心经本身病变所致的心痛相混淆。如《伤寒论·辨太阳病脉证并治》曰："伤寒六七日，结胸热实，脉沉而紧，心下痛，按之石硬者，大陷胸汤主之。"这里的心下痛实际上是指胃脘痛。又如《外台秘要·心痛方》曰："足阳明为胃之经，气虚逆乘心而痛，其状腹胀归于心而痛甚，谓之胃心痛也。"这里说的心痛也是胃脘痛。元代《兰室秘藏》首次提出胃脘痛，将胃脘痛的症候、病因病机和治疗办法明确区分于心痛，使胃痛成为独立症状。《医学正传·胃脘痛》曰："古方九种心痛……详其所由，皆在胃脘，而实不在于心也。""气在上者涌之，清气在下者提之，寒者温之，热者寒之，虚者培之，实者泻之，结者散之，留者行之。"《医学真传·心腹痛》还指出了要辨证理解和运用"通则不痛"之法，书中说："夫通者不痛，理也。但通之法，各有不同，调气以和血，调血以和气，通也；下逆者使之上行，中结者使之旁达，亦通也；虚者助之使通，寒者温之使通，无非通之之法也。"为后世辨证治疗胃痛奠定了基础。

  中医认为，有多种因素会导致胃溃疡的发生：机体感受外邪，如寒、热、湿诸邪，均可导致胃脘气滞，不通则痛，如《素问·举痛论》言："寒气客于肠胃之间，膜原之下，血不得散，小络引急，故痛。"饮食不节，饱饥失常，胃被伤，气机壅滞，使胃失和降，饮食偏嗜，辛辣无度，肥甘厚味，过度饮酒，则蕴生湿热，伤脾碍胃，胃气不畅，如《医学正传·胃脘痛》曰："致病之由，多由纵恣口腹，喜好辛酸，恣饮热酒……复餐寒凉生冷，朝伤暮损，日积月深……故胃脘痛疼。"情志异常，损伤肝脾，以致肝失疏泄，脾失健运，进而导致胃失和降而发生胃痛，如《沈氏尊生书·胃痛》言："胃痛，邪干胃脘病也……唯肝气相乘为尤甚，以木性暴，且正克也。"气滞日久或者久痛入络，可致血瘀胃络，"胃痛久而屡发，必有凝痰聚瘀"。脾胃，仓廪之官，主受纳和运化水谷，若脾胃虚弱，运化失职，气机失畅，或者中阳不足，中焦虚寒，失其温养而胃痛。目前临床上对于胃溃疡等消化性溃疡的常见辨证分型为：胃热证、胃寒证、肝胃不和证、食滞胃脘证、瘀血停胃证等。治疗原则以清胃泄热、温中散寒、疏肝和胃、消食和胃、通络和胃等为主。廖老尤其重视调理脾胃升降，协调人体气机而治疗胃痛疾患。廖老认为升降不及、升降太过是气机升降失调在脾胃病中的主要病理表现，因此，主要采用的治疗方法大致分为：补其不足、纠其太过、调理升降以复气机顺行，尤其强调畅达"肝气"以调理脾胃升降。同时运用温中散寒调气、滋养胃阴等大法，助气机调畅，使胃和痛止。

1. 对胃溃疡病因病机的认识

廖老认为胃溃疡的起病与脾胃气机失调有关。若脾不升清，胃不降浊，脾胃运化失司，水谷精微不归正化，津液输布障碍，则停聚为湿为痰，阻滞气机。且气为血之帅，气滞日久则血行艰涩，瘀血凝滞于胃脘，损膜伤络而为溃疡。而脾胃气机的协调，与肝胆气机的调畅密切相关。正如《景岳全书·心腹痛》所言："治痛之要……皆当以理气为主。"肝复疏泄条达之性，一方面调畅全身气机，促进中焦脾胃气机升降；另一方面肝主升发，肝主疏泄则促进脾气升清。疏肝之法另寓敛降肝气之义，肝胃气机相对而言，肝从左主升，胃从右主降，通过疏肝之法敛降肝气，肝气升之太过得降，动之太过得敛，肝气敛降，则胃气降，肝胃气机升降调和，胃气复通降之职，中焦脾胃气机畅达，通而不痛。正如沈金鳌于《杂病源流犀烛》中言："十一脏皆赖胆气以为和。"胆主少阳春升之气，肝胆升发疏泄正常，则脏腑气机调畅。若情志不调，胆失疏泄，郁而化火，则横逆犯胃，胃失通降；或因脾胃虚弱，土虚木乘，气机升降失司，胆汁随胃气上逆，以致胃膜受损，胆胃同病，出现胃痞、吞酸、嘈杂等症状。故廖老认为，胃溃疡以脾胃虚弱为病理基础，多种因素（饮食不节、外邪侵袭、调摄不当、忧思恼怒等）引起脾胃升降失司，气滞络阻，兼夹寒、湿、热、瘀之邪。因此，主要采用的治疗方法大致分为：调气法用于脾胃肝胆气机升降失常，应调理升降以复气机顺行。补益法用于脾胃虚弱，失于运化的各种疾患，如脾虚生化乏源的气虚、血虚证尤需健脾益气；中阳不振失于温煦并寒凝胃络者，当温中散寒调气，以振中阳、散寒通络；胃阴不足失于润泽者，又当滋养胃阴，恢复其顺降之性。

据此病因病机，廖老归纳其病证特点：若胃脘隐隐作痛，或闷或胀，或呕吐吞酸，不食或便难，或泻痢，或面色浮黄，四肢倦怠，或发寒发热如疟状，或大便呈黑色，或呕吐如褐色，吞酸嘈杂吐酸水，噫气心痛等症，皆属于肝、脾、胃为病。凡人平日中土虚弱，而又情怀多郁，肝气不舒，则木邪乘土，侮其不胜，犯胃则恶心干呕，脘痞不食，吐酸水涎沫；克脾则腹胀，便或溏不爽；痛久必入络，络滞必有瘀，故大便隐血，其脉弦或缓。廖老指出，医者见其呕吐不食，胁胀脘痞，多认为脾胃之病，不知实由肝邪所致。

在临床上务须审察其息之新久，及其气血寒热虚实，而随证处理。大抵新病多实，久病多虚。实则痛处拒按，虚则痛处喜按。突然而起者，多在气分；时发时止者，多在血分。气分必感胀满面痛，血分则昼轻夜重，针刺样痛。胃寒痛，得温则减；胃热痛，加温则剧。辨证明确，庶投之有效。

2. 治疗胃溃疡的经验

（1）从肝脾论治，调气机，健脾运

廖老指出"胃脘不通则痛，气通则胃络通，调气重在调肝"。廖老经过大量临证总结得出，此类患者每由情怀不畅，多郁多怒，或忧思伤脾，郁则气滞，其滞或在形体，或在脏腑，必有不舒之现症。盖气本无形，郁则气聚，聚则似有形，而实无质。如胸膈似阻，心下痞满，胁胀背胀，脘闷不食，气瘕攻冲，脘痛走窜，嗳气吐酸，舌苔薄白，脉弦而缓。治以理气畅中汤。若肝郁气滞进一步发展，木邪乘土，侮其不胜，犯胃则恶心干呕，脘痞不食，吐酸水涎沫，克脾则腹胀，便或溏不爽，或大便隐血，或间有呕血者，以胃疡汤为主。

理气畅中汤为雷少逸方，其组成为金铃炭、延胡索、刺蒺藜、陈皮、赤茯苓、炒枳壳、郁金、砂壳、佛手、瓦楞壳、制香附、越鞠丸。廖老常用此方治疗肝气横逆犯脾者；胃疡汤乃廖老自制验方，其组成为潞党参、焦白术、茯苓、炙甘草、香橼、广香、甘松、蒲公英、当归须、赤芍、鸡内金、瓦楞子、吴茱萸、雅连、煅白螺蛳壳。此方以四君子汤健脾益气，用香橼、广香理气止痛，左金丸、蒲公英寒温并用，瓦楞子配白螺蛳壳，能制酸止痛，后者还可敛溃疡。治疗胃溃疡胃痛属肝脾不和，寒热错杂，脾虚为甚者。症消后，用香砂六君子调补脾胃。

（2）从阳虚着手，补中阳，散寒凝

廖老认为若脾胃虚弱，中阳不振则津液失其温化，寒凝气滞，肝失调畅，反来侮土，且中阳不足，中焦虚寒，失其温养而胃痛。证见脘痛喜按，喜热饮，脘中畏寒，饥时易发，得食则缓，遇凉过劳亦易发，嗳呕清冷，甚则四肢不暖，大便溏薄，舌润苔薄，脉濡缓或弱无力。治以温中调气汤，待痛定后，再用黄芪健中汤合理中汤可痊愈。温中调气汤为廖老自制验方，其组成为炒白芍、炙甘草、肉桂、干姜、砂仁、吴茱萸、陈皮、半夏、香附、台乌、云茯苓、枳壳、九香虫。用桂、姜、吴茱萸、炙甘草温中散寒；台乌、九香虫、枳壳三药理气止痛；二陈汤加砂仁芳香燥湿。用于胃溃疡、十二指肠溃疡辨证属中阳虚寒者，寒湿内停，屡用屡效。

（3）谨记胃喜润恶燥，用药宜柔宜润

凡郁久化热，肝阴胃汁已虚，木火炽盛，风阳扰胃，脘痛较持久，食入易痛，脘腹觉灼热，口干而苦，喜凉饮，吐酸，便秘，溺黄，舌红苔黄，脉弦数。廖老认为此型胃痛用药忌刚喜柔，法宜柔肝解郁为主，柔肝解郁汤主之。此方乃廖老自制验方，其组成为生地、当归、生杭白芍、炙甘草、沙参、麦冬、女贞子、金铃炭、木瓜、枸杞子、牡蛎、乌梅、左金丸。方用一贯煎加味，以养阴柔肝疏肝；左金丸清肝胃郁火。用于治疗肝胃阴虚、木火交炽之胃溃疡。并大便黑者加桃仁、延胡索、丹参；泛酸加瓦楞子、乌贼骨；呕吐泛酸加旋覆花、代赭石；脘胀加郁金、枳壳。再此病往往有虚寒，与郁热混处，则有寒热错杂现症。药宜平治之法，需刚柔寒热兼用，如加味逍遥散之类。

3. 病　案

病案1：陈某，女，33岁。1957年3月至5月住院治疗。

病史：患者身感发冷，而胃痛灼辣，叫喊不可忍，呕吐褐色，胃脘胀闷；心慌，吞酸，嘈杂，嗳气，不思饮食，大便黑色，便结不解，腰亦痛；舌质红，苔薄白，脉弦细而紧。西医诊断为胃溃疡。

诊断：胃痛。

辨证：肝气犯胃，胃络瘀阻。

治法：舒肝活血，通络调气。

处方：自拟理气方：

紫菀 3 g	姜黄连 6 g	蒲公英 15 g	佛手片 9 g
厚朴花 9 g	青皮 6 g	炒枳壳 6 g	郁李仁 15 g
炒麦芽 12 g			

二诊：2剂后发冷退，痛大减，呕吐、心慌已不觉，情绪稍安。大便虽

解，仍褐色，尚吞酸嗳气。处方为理气畅中汤加减：

炙覆花9g	酒炒黄连4.5g	香附9g	全瓜蒌12g
广郁金9g	制乳没各6g	金铃子9g	生杭白芍15g
焦山栀9g	丹皮炭9g	青皮6g	

三诊：本方续服15剂，胃脘之痛日减，呕吐心慌全止。各症俱减，大便畅解，色仍黑，瘀血未尽也。处方如下：

丹参15g	血竭6g	延胡索6g	甘松3g
香附9g	九香虫6g	炒白芍12g	牡丹皮9g
姜黄连3g	焦山栀9g	枳壳6g	

10剂后胃痛已消失，胃脘胀闷、嗳气吞酸嘈杂皆愈。大便色已转黄，食量大增，痊愈出院。

按语：患者平日多愁善怒，肝气不舒，逆行犯胃，又嗜食辛辣，遂成是患，年久不瘥，入络成瘀。治以舒肝活血，通络调气，以佛手、青皮、香附、郁金等疏肝行气，以畅达肝木，杭白芍柔肝，厚朴、枳壳、炙覆花等行气降气以促进胃气和降，乳香、没药、金铃子、丹参、延胡索行气活血止痛，随证加减，与其他药味配合，十年痼疾，于斯根除。

病案2：任某，男，45岁。1959年4月至5月住院治疗。

病史：患者夙有胃痛，经常发作，屡治无效。来院时胃痛甚烈，不能支持，入夜尤甚，时觉冷气窜痛，口有苦味，频作呕逆，食欲不振，呻吟不止，舌苔白滑，脉沉滞。西医诊断为胃溃疡。

诊断：胃痛。

辨证：肝胃虚寒，胃络不通。

治法：通阳解郁，行气止痛。

处方：温中调气汤加减：

吴茱萸3g	雅连3g	姜半夏9g	柴胡6g
白豆蔻3g	台乌9g	佛手片9g	延胡索6g
金铃子9g	青皮6g	煨生姜9g	广陈皮6g

二诊：3剂后，呕吐止，口苦退，腹中仍有冷气窜痛，阳气不宣，法当通阳解郁，和胃舒肝。

佛手片9g	青藤香9g	广香3g	台乌9g
炒枳壳6g	高良姜6g	油厚朴6g	白豆蔻3g
吴茱萸6g	姜半夏9g	广陈皮6g	炙甘草3g

三诊：2剂后胃痛完全消失，冷气已无。但口中时泛清涎，肝气已畅，胃阳尚钝，予健中阳而和胃气。处方为六君子汤加减：

潞党参15g	白术9g	茯苓9g	广陈皮6g
白豆蔻3g	益智仁9g	炮姜6g	补骨脂9g
姜半夏9g	吴茱萸3g	炙甘草3g	

5剂后饮食已增，精神好转，一切正常，遂出院。

按语：胃溃疡一病，需辨别寒热，随其所偏而调之。本案病人自觉冷气窜痛，清涎上泛，是肝胃虚寒。故初用辛香流动，以吴茱萸、台乌、白豆蔻、煨生姜行气温中先散其寒，以宣其阳，痛止吐定，再用潞党参、白术、茯苓、广陈皮、姜半夏等药味以扶其中气，取理中六君之意，故得速效。

十四、对糖尿病的认识和治疗

糖尿病是一种由于胰岛素分泌缺陷或胰岛素作用障碍，以高血糖为特征的代谢性疾病。其发病是由胰腺内分泌的不足，或垂体前叶、肾上腺内分泌素过多所引起。其基本病理生理为胰岛素的绝对或相对不足引起的代谢紊乱。临床特征为多饮、多食、多尿、消瘦、乏力综合征。本病持续高血糖与长期代谢紊乱等可导致全身组织器官，特别是眼、肾、心血管及神经系统的损害及其功能障碍和衰竭。

中医文献的记载并无糖尿病之名，但根据其出现之症状，唯其病名曰消渴耳。如《黄帝内经·素问·奇病论》谓消渴之因曰："此肥美之所发也……肥者令人内热，甘者令人中满，故其气上溢，转为消渴。"《黄帝内经·灵枢·师传》曰："胃中热则消谷，令人悬心善饥。"《素问·通评虚实论》："凡治消瘅、仆击、偏枯、痿厥，气满发逆，甘肥贵人，则膏粱之疾也。"（消瘅即消渴）。认为消渴多由于膏粱肥甘之变，酒色劳伤之过，皆富贵人病之，而贫贱者少有也。由此可知糖尿病与生活环境及身体肥胖的重要关系。《灵枢·五变》："五脏皆柔弱者，善病消瘅。"认识到先天禀赋不足，是引起消渴病的重要内在因素。《证治准绳·消瘅》在前人论述的基础上，对三消的临床分类作了规范，"渴而多饮为上消（经谓膈消），消谷善饥为中消（经谓消中），渴而便数有膏为下消（经谓肾消）"。《景岳全书·三消干渴》："凡治消之法，最当先辨虚实，若察其脉证，果为实火致耗津液者，但去其火则津液自生，而消渴自止。若由真水不足，则悉属阴虚，无论上、中、下，急宜治肾，必使阴气渐充，精血渐复，则病必自愈。若但知清火，则阴无以生，而日渐清败，益以困矣。"《临证指南医案·三消》："如病在中上者，膈膜之地，而成燎原之场，即用景岳之玉女煎，六味之加二冬、龟甲、旱莲，一以清阳明之热，以滋少阴；一以救心肺之阴，而下顾真液。如元阳变动而为消烁者，即用河间之甘露饮，生津清热，润燥养阴，甘缓和胃是也。至于壮水以制阳光，则有六味补三阴，而加车前、牛膝导引肝肾。斟酌变通，斯诚善矣。"

综上所述，中医学认为，本病主要是由于素体阴虚，五脏柔弱，加之饮食不节，情志失调及劳欲过度所致。其病变的脏腑主要在肺、胃、肾，尤以肾为关键。三脏之中，虽可有所偏重，但往往又互相影响。长期嗜食肥甘醇酒厚味，损伤脾胃，以致运化失职，湿浊内蕴，蕴久化热，胃火炽盛，热灼阴伤，胃阴不足，津不上承于肺，而致肺燥。或由于长期精神刺激，七情所伤，肝气郁结，久郁化火伤阴，上耗肺津，中伤胃液，下损肾水为消渴；或阴虚体质，复又劳欲过度，耗伤肾精，致相火上亢，肺胃阴津受损。耗伤肺胃肾之阴，导致阴虚燥热而发为消渴病。阴虚与燥热为其发病的主要机制，其中阴虚为本，燥热为标，两者相互影响，互为因果。阴虚最终又主要责之于肾。病延日久，阴损及阳，可见气阴两伤，或阴阳俱虚。肾水虚竭，上不能济心火而烁肺，发为上消；中不能润泽脾胃，成为中消；下则肾火自亢，灼烁阴液，发为下消。

1. 对糖尿病病因病机的认识

廖老认为此病本于阴亏阳亢，津涸热淫之所致。然亦不尽由于阴虚。根据张景岳云："水亏证固能为消渴，而火亏证亦能为消渴。"廖老认为盖阳不能化气，则水精不布，水不得火，则有降无升，所以直入膀胱，而饮一溲二，以致泉源不滋，天壤枯渴者，皆是真阳不足，火亏于下之消症也。肾为水脏，阴阳寓焉，其气化、固摄之功，能调节人体水液代谢及小便量的多少。肾阳亏虚，则不能蒸腾气化使津液上升，液变浊阴蓄留于下；肾气亏虚，则无以约束尿液，故临床有饮一溲一之糖尿病。

2. 治疗糖尿病的经验

此病有三大症状：一多饮，二多食，三多尿。故又名三多病。然此三证，患者不必兼而有之，以多食为主者，或以多饮为主者，或以多尿为主者。方书常随其症状之轻重而分为三个类型，定名上消、中消、下消三证。

上消：症见舌上赤裂，大渴引饮，多饮而渴仍不解，是名为上消，又名肺消、膈消。白虎加人参汤治之，兼阴虚者，玉女煎为良。

中消：凡多食而易饥，食多而反消瘦，名曰中消，又名消谷症，仍以白虎加人参汤为主；如兼见自汗，大便硬，小便数者，治宜攻下，调胃承气汤主之。

下消：如烦躁引饮，小便浑浊，如膏如油，耳轮干焦，此肾水亏竭之证，又名肾消，当分阴阳治之。如淋浊如膏，而兼有火者，其脉必细数，是为阴虚阳亢，宜壮水之主以制阳光，六味地黄汤加知柏主之；若全无火象，饮一溲二，脉微小，乃火衰之证，宜益火之源，以蒸腾水气，金匮肾气汤为千古良方。

廖老治疗糖尿病，主要在针对病情，随证施治，分阳燥和阴燥两类。

阳燥者，乃阳明热炽之消症也，法主养阴润燥，如加减白虎汤，或丹溪消渴方，甘苦合化阴气，而治热淫所胜之类。

阴燥者，乃真阳不足，火亏于下之消症也，法主温补命门，益气化精，如肾气丸加减是也。

廖老治疗此病，临证随症加减，用人参白虎汤，专治渴症，气分燥热；生地黄饮子，专治血分燥热；竹叶黄芪汤，兼治气血燥热；宜辨证而用。气分渴者，喜饮冷水，宜寒凉润剂以清其热。血分渴者，喜饮热水，宜甘温酸剂，以滋其阴。

另外，廖老还重视生活饮食调理，采用食疗配合治疗，选用猪胰腺治疗糖尿病，认为猪胰功能润五脏，用以治消渴症，用法：猪胰一个，切碎，饭上蒸熟食，勿用盐酱，每日食一个，连吃5～6个，病情可有好转。同时注意饮食宜忌，认为此病须忌面食、米、水果、酒及咸味，不可过饱，尤忌房劳，不然则难疗也。总宜清心寡欲，薄滋味，减思虑，则病易治，若一毫不谨，虽有良方，亦不治也。这些对糖尿病的治疗也是十分重要的。

廖老在长期的临证治疗中，认为患糖尿病者，除所见三多症而外，常兼见形容消瘦、身体衰弱、四肢酸痛、麻木痛痒、嗜眠等。但使主病一解，以上兼症即随之而消失矣。认为症初治愈，或尚未愈，常有四种病变之发生，极为难治，宜早预防之。其一为痈疽，二为水肿，三为强中，四为不育。此四者皆消渴之变病也。

3. 病　案

病案1：勾某，男，24岁。1963年2月至3月门诊治疗。

病史：病者所患已多年，善食易饥，每隔数分钟即心慌，即须进食，食后须臾，心又发慌，又食，每次最少需两馒头，小便频数，一日解16次。西医诊断为糖尿病。前医予温补之剂，反增口干唇裂，并见吐血。

诊断：糖尿病（消渴）。

辨证：阳明热炽之中消。

治法：滋阴润燥，清热泻火。

处方：玉女煎合白虎汤加减：

生地30 g	五寸冬12 g	知母12 g	生淮山药30 g
生石膏30 g	沙苑子12 g	枸杞子12 g	鲜石斛30 g
肉苁蓉15 g	甘草3 g	粳米一杯	

上方随时各有加减，连服10余剂而安。

按语：本案即为典型中消病例。前医妄投温补，更增胃腑燥热而益伤胃中阴液。廖老急投大剂生地、麦冬、山药、知母、石斛等味，滋阴生津润燥；重用生石膏寒凉之品，又用知母、甘草为甘寒清热保津的白虎汤，直折胃中燥热；辅以沙苑子、肉苁蓉、枸杞子滋阴益肾。切中病机，仅十余剂而诸症平安。

病案2：陈某，男，27岁。1964年8月至11月住院治疗。

病史：西医诊断为糖尿病。患者已病1年，曾屡用胰岛素。入院时口渴不止，小便甚多，饮一溲二，尿不能忍，两腿软弱，心慌不能自主，四肢疲倦，行步须杖，久服生津养阴之药亦无效。

诊断：糖尿病（消渴）。

辨证：肾阳虚衰证。

治法：温补肾阳，固摄小便。

处方：金匮肾气丸加减：

熟地30 g	淮山药30 g	山萸肉15 g	制附片(先煎)30 g
上桂12 g	胡芦巴15 g	桑螵蛸6 g	覆盆子15 g
益智仁12 g	补骨脂12 g	淫羊藿18 g	

二诊：上方服10剂，各症消失，但小便尚不禁。

潞党参30 g	熟地30 g	菟丝子12 g	茯苓10 g
补骨脂15 g	益智仁12 g	附片(先煎)24 g	山萸肉15 g
上桂6 g	淮山药30 g	韭子12 g	白术15 g
芡实15 g			

3剂后，小便已正常。精神转健，复查尿糖定性为阴性，病情已趋稳定。

按语： 本例乃肾气虚衰，摄纳无权，肾阳衰败，气化不利之肾消也。本案多饮多尿，水液及精微丢失过度，无以滋养机体，故两腿软弱，心慌不能自主，而饮一溲一，尿不能忍。已由阴虚及阳，阳气虚衰，固摄无力，是为肾阳虚衰之证。廖老吸取前医久投生津养阴之药无效之教训，大胆使用附片、上桂、胡芦巴、覆盆子、淫羊藿、补骨脂等温补肾阳之品；又用益智仁、桑螵蛸固摄小便，逐渐恢复患者员肾与膀胱的固摄功能。

十五、对中风的认识和治疗

中风，又名脑卒中，分为缺血性脑卒中和出血性脑卒中。中风是中医学对急性脑血管疾病的统称，是以突然昏倒，不省人事，伴发口角歪斜、语言不利而出现半身不遂为主要症状的一类疾病。是临床上常见病、多发病，具有高发病率、高致残率、高复发率、高死亡率的特点及发病年轻化趋势，发病率为 0.14%～0.20%，其中缺血性中风病占 50%～65%，死亡率为 1.15‰～1.27‰。按流行病学调查结果估计，我国每年新发脑卒中患者约 250 万；每年死于脑卒中的人超过 150 万；卒中病有幸存者为 600 万～700 万，其中有75%的病患遗留不同程度的后遗症。本病多见于中老年人。多见于现代医学中的脑出血，现代研究多考虑其与高血压、动脉硬化有关。中风的发生严重影响个人的生活质量，严重危害着人类的生命与健康，给社会和家庭带来了沉重的负担，其后遗症的康复与治疗也需要长期投入大量的人力、物力和财力。目前西医对中风的治疗有了一定的进展，治疗主要以溶栓、抗凝、降纤以及脑保护为主。治疗方案上强调早期治疗、综合治疗；在综合治疗的同时，也必须遵循个体化原则，才能更好地提高整体治疗水平。

1. 对中风病的认识

中医里中风病名繁多，本病与中医的"大厥"类似，所谓"血之与气，并走于上，则为大厥；厥则暴死，气复返则生，不返则死"。最早把"中风"当作病名使用的，是在张仲景所著之《金匮要略·中风历节病脉证治》"夫风之为病，当半身不遂，或但臂不遂者，此为痹，脉微而数，中风使然"，首次将具有脑血管病变常见的症状半身不遂称为"中风"，开日后医家把具有半身不遂等一系列症状的病种都称为"中风"之先河。"中"音众，为被击打、受伤害之义，"风"是中医病因六淫之一，亦称风气，属阳邪，为外感疾病的先导，《素问·风论》曰："风者善行而数变"，其致病的特点是发病快、变化多；故古代形容"中风"这种病就是具有起病急，变化多，发展快的临床特点，中风病发病之快犹如风之疾速，矢石之中的。

对于该病的病因病机，历代医家多有记述，如《素问·调经论》说："血之与气，并走于上，则为大厥，厥则暴死"，明确指出中风的病变部位在头部，是由气血逆而不降所致；《灵枢·刺节真邪》提及"虚邪偏客于身半，其入深，内居营卫，营卫稍衰，则真气去，邪气独留，发为偏枯"。《灵枢·大惑论》

中指出："邪中于项，因逢其身之虚，其入深，则随眼系以入于脑，入于脑则脑转，脑转则引目系急，目系急则目眩以转矣。"《灵枢·海论》中："髓海不足，则脑转耳鸣，胫酸眩冒，目无所见，懈怠安卧。"刘河间《素问玄机原病式》谓："凡人风病，非由外中于风，由乎将息失宜，而心火暴甚，肾水虚衰，不能制之，则阴虚阳实，热气怫郁，心神昏冒，筋骨不用，卒倒无所知也。"此以五志过极，阴虚阳亢为中风病之主因。李东垣谓："阳之气以天之疾风名之，此中风非外来之风邪，乃本气自病也。凡人年逾四旬，气衰之际，或忧喜愤怒，伤其气者，多有此疾。壮岁之时无有也，治法以和脏腑，通经络，便是治风也。"认识到中风的发生与外邪侵扰、脑髓不足及气血逆乱以及情志有关。

从历代医家对该病的记载，对该病的病因病机的认识已较为统一，中医认为中风是指由于正气亏虚，饮食、情志、劳倦内伤等引起气血逆乱，产生风、火、痰、瘀，导致脑脉痹阻或血溢脑脉之外，以突然昏仆、半身不遂、口舌㖞斜、言语謇涩或不语、偏身麻木为主要临床表现的病证。根据脑髓神经受损程度的不同，有中经络、中脏腑之分，有相应的临床表现。认为本病的形成多由患者脏腑功能失调，气血素虚或痰浊、瘀血内生，加之劳倦内伤、忧思恼怒、饮酒饱食、用力过度、气候骤变等诱因，而致瘀血阻滞、痰热内蕴，或阳化风动、血随气逆，导致脑脉痹阻或血溢脉外，引起昏仆不遂，发为中风。其病位在脑，与心、肾、肝、脾密切相关。其病机有虚（阴虚、气虚）、火（肝火、心火）、风（肝风）、痰（风痰、湿痰）、气（气逆）、血（血瘀）六端，此六端多在一定条件下相互影响，相互作用。病性多为本虚标实，上盛下虚。在本为肝肾阴虚，气血衰少，在标为风火相煽，痰湿壅盛，瘀血阻滞，气血逆乱。而其基本病机为气血逆乱，上犯于脑，脑之神明失用。

廖老认为此"风"含有一种特性，决不可同一般外感风邪相提并论，中风病之发作，如石矢之中人，转瞬而播诸全身。凡五官四肢心脑各脏器，皆立受其害而现卒倒神昏、口眼㖞斜、四肢麻木萎废等非常之症状。病情传变迅速，多不及时救治而死。认为此"风"是指病势而言，说明起病急骤。而痰、热、瘀血为生风之源。认为本病是在气血阴阳亏虚的基础上，风、火、

103

痰、瘀等多种因素共同作用于人体，导致脏腑功能失调，气血逆乱于脑而产生的。

2. 治疗中风的经验

据廖老多年经验，临床见中风一症，实而闭者少，虚而脱者多。其临床辨证，根据《金匮要略》所论"筋骨不用，左右不遂，邪在经也。口眼喎斜，肌肤不仁，邪在络也。昏不识人，便溺阻隔，邪在腑也。神昏不语，唇缓流涎，邪在脏也"作为临床辨证之标准。临床上将中风分为两种类型：中风闭证、中风脱证。其治疗唯徐灵胎谓："中风之病，苟无中脏之绝症，未有不可治者。"廖老据平日临床所见，大凡实证易治，虚者难疗，因其人真气已亏，难处理如法，终难期其效也。各种证型根据其不同病因病机而采取不同的治疗思路与方法：

（1）中风闭证

风无常性，其中人身也，则随其人阴阳虚实而变化。如其人痰火素旺，则风从阳化，而为热风，热风多见闭证。如其人阳虚，一寒饮素重，则风从阴化，而为寒风，寒风多见脱证。凡中风卒倒，昏迷不省人事，口眼歪斜，舌强语蹇，喉间痰声如锯等状，此时无暇治风，先救其急，用通关散取嚏，有嚏可治，无嚏多死。口噤者用开关散擦其牙眼，其噤可开。痰涎涌盛，汤药难入者，用吐法涌之，待其痰出，再查其寒热而处方。无热者，以苏合香丸化开灌之；热重者，以牛黄清心丸灌之。有寒痰塞塞，介乎闭脱之间，攻补难施者，浓煎橘半汤灌之，待其神志渐清。如病见有六经之表证，此风中在表也，以小续命汤主之。如无表证，而但见神昏口噤，面赤身热，两手握固，二便闭塞，脉洪数者，是为热风，主防风通圣散，表里两解，此治闭证之良法也。

（2）中风脱证

若其人脏腑本属虚寒，则风水相遭，而为寒风，卒倒不省人事，汗出淋漓，上则唇缓流涎，下则遗尿不知，痰声滚辘，如潮上涌，此脱在顷刻，缓则不救。急以大剂参附汤频频灌之，以日连进二三剂，庶可挽回。其喉间虽痰声如沸，不可轻用吐剂，此元气将脱之兆，一吐则死矣，只宜于参附汤中稍加生姜汁最良。此证若更兼四肢厥冷，痰声如潮，脉沉微欲绝者，尤为险恶，急用薛院判三生饮重加人参，频频灌之，颇有捷效。

3. 病案

病案1：杨姐，女，67岁。1956年7月11日初诊。

病史：患者于病发前1日，感头昏面热。1日后，忽然昏倒，不省人事，即延西医，诊断为脑溢血，注射治疗无效。现身发高热，神识昏迷，呼之不应；手足抽搐，床为之震；牙关紧闭，牙齿相错如锯声；喉间痰鸣如鼎沸，面赤目闭；六脉洪数鼓指。

诊断：中风之中脏腑的阳闭证。

辨证：阴虚阳亢，肝风挟痰火上蒙清窍。

治法：醒脑开窍，熄风镇痉。

处方：玉钥匙吹喉令涎出。牛黄清心丸二粒，开水先化冲一粒，隔3小时再服一粒。

二诊：吹药数次，痰涌出甚多，服牛黄丸后，神志渐醒，手足之抽搐渐定，再予涤痰开窍之法：

| 远志10 g | 石菖蒲6 g | 天竺黄10 g | 杏仁12 g |
| 瓜蒌15 g | 僵蚕6 g | 角炭(冲)3 g | 紫雪丹(分冲)3 g |

清水煎，日三服。

三诊：服后神志已大清，诸症均减。自诉喉舌牙齿皆痛，口干不思饮，心中烦热，小溲赤热。此阴虚阳亢，下虚上实也。再予育阴潜阳、平肝熄风之法。

生地30 g	淮山药18 g	生杭白芍18 g	天麦冬各12 g
龟板18 g	牡丹皮12 g	明阿胶(冲)12 g	火麻仁12 g
鳖甲18 g	炙甘草10 g	淮牛膝15 g	生牡蛎30 g
龙齿18 g	鸡子黄(分冲)15 g		

四诊：服3剂后，各恙皆安，自感腹中灼热，大便溏泄，舌黑黄而腻，

右脉滑大。此阴液已复,肝风已静,唯暑湿尚留。当予清暑除湿。

杏仁 10 g	滑石 15 g	枯芩 10 g	雅连 3 g
陈皮 6 g	通草 6 g	白蔻壳 10 g	郁金 6 g
油厚朴 10 g	薏苡仁 15 g	半夏 10 g	鲜荷叶 15 g

五诊:2剂后,各恙消失。精神食欲皆大好转,二便亦正常,脉已平和,但予调理。

泡沙参 15 g	淮山药 15 g	莲子肉 12 g	钗石斛 12 g
茯苓 12 g	大枣 10 g	广陈皮 3 g	炙甘草 3 g

3剂痊愈,遂停药。

按语:患者以突发神识昏迷为主要症状,起病急,病程短,六脉洪数鼓指,此乃阴虚于下,阳亢于上,肝风挟痰火上蒙清窍。为中风之中脏腑的阳闭证。以急则治其标,缓则治其本的原则,先采用玉钥匙吹喉,令其痰涎涌出,并服牛黄清心丸,以醒脑开窍,熄风镇痉以治其急;待神清痉定之后,立刻使用育阴潜阳、平肝熄风、引气血下行之疗法,以平衡人体阴阳,控制血压上升。用药之后,各恙皆安,自感腹中灼热,大便溏泄,舌黑黄而腻,右脉滑大,此阴液已复,肝风已静,唯暑湿尚留,予以清暑除湿。五诊患者各恙消失,予以滋阴补脾土以散后调理而愈。其辨证用药,轻重缓急,层次分明。

病案2:钟温,女,73岁。1957年8月20日初诊。

病史:患者忽然昏倒,口吐黑血沫,卧床不省人事。经西医诊断为脑溢血,抢救无效。现呼之似能知,舌暗无声;右手已失知觉,口眼微见歪斜;心中烦躁,目赤,两颧发红;饮食不进,大便四日未解,小便黄,舌苔黑黄而腻,右脉寸关浮大,两尺沉小,左脉浮数。

诊断:中风之中脏腑的阳闭证

辨证:真阴枯涸,肝风内动。

治法:滋补真阴、柔肝熄风。

处方:大定风珠加减主之:

生地 30 g	杭白芍 15 g	酸枣仁 12 g	炙甘草 10 g
女贞子 15 g	墨旱莲 24 g	寸冬 15 g	龟板 24 g

| 牡蛎 30 g | 石菖蒲 6 g | 远志 10 g | 沙苑子 12 g |

火麻仁 15 g

二诊：2剂后，大便已解，色黑黄；神识渐清，能食清粥；小便清白，脉细数，舌苔仍黑。午后精神恍惚，是阳衰不用事也。用河间地黄饮子法：

熟地 24 g	淮山药 24 g	山萸肉 15 g	牡丹皮 10 g
泽泻 10 g	上桂(盐水浸)3 g	厚附片 12 g	菟丝子 10 g
远志 10 g	龙骨 18 g	牡蛎 24 g	茯神(朱砂拌)12 g

三诊：2剂后，神识全清，精神好转，两颧已不红，语声渐出，能自起坐，舌黑大退。

熟地 24 g	淮山药 24 g	山萸肉 12 g	女贞子 12 g
黄精 15 g	菟丝子 12 g	首乌 15 g	龙骨 18 g
牡蛎 24 g	远志 6 g	五味子 10 g	枸杞子 12 g
肉苁蓉 12 g	附片 10 g	上桂 3 g	茯神 12 g

酸枣仁 10 g

以后即本上方加减治疗，精神、食量渐复正常，肢体日益活动，能下床扶杖缓步。以七旬高年患此，鲜有生者，似此亦云幸矣。嘱其改汤为丸，加西洋参、鹿角胶各一两，长服调补，可望延年。

按语：本案患者以突发神识昏迷为主要症状，发病急，病程短，其舌苔黑黄而腻，右脉寸关浮大，两尺沉小，左脉浮数。此乃为真阴枯涸，肢体失去润养而瘫废，肾气内夺而舌暗无声。辨证为中风之中脏腑的阳闭证，治当重培其下，以柔肝熄风为法。先用大定风珠加减主之。急补枯涸之真阴，待阴液一复，又阴阳同补，防其阴阳之离散。否则便有阴竭阳脱之虞矣，后期温补，长服调补以敛其元气。

十六、对半身不遂的认识和治疗

半身不遂又叫偏瘫，是指一侧上下肢、面肌和舌肌下部的运动障碍。它是急性脑血管病的一个常见症状，多由急性脑血管病及其原发病引起。是中老年人的一种常见病、多发病。

我国每年新发生脑卒中患者数量在200万以上，偏瘫是脑部疾患后最常见的并发症，其中脑卒中所致偏瘫发生率高达60%~80%，在存活的患者中约75%~80%会留有不同程度的残疾，其中重度致残者约占40%，给患者、家庭、社会造成严重的医疗、生活和经济负担。严重影响患者的个人生活能力和生活质量。

其病因多样复杂，主要是大脑半球皮层运动中枢受损的缘故。任何导致大脑损伤的原因（如颅脑外伤、脑血管畸形、脑动脉瘤、脑肿瘤、脑内感染、脑变性病及脱髓鞘病）都可出现半身不遂（偏瘫）。

对于半身不遂的治疗，应在积极治疗原发病的基础上，采用扩血管、营养心肌、营养神经、营养脑细胞等对症治疗，尽早进行康复医疗。要将康复医疗贯穿于疾病治疗的全过程，努力减轻残疾的程度，避免并发症。早期投入康复医疗训练，克服废用性肌萎缩及关节痉挛和僵硬，最大限度地减低残疾的程度。

1．半身不遂病因病机的认识

半身不遂一症，中医又名偏废、偏枯、风痱。对于该病的病因病机，历代医家多有记述，如《素问·风论篇》曰："风之伤人也……或为偏枯"。《灵枢·刺节真邪论》曰："虚邪偏客于身半，其人内居营卫，营卫稍衰，则真气去，邪气独留，发为偏枯。"仲景谓"偏枯者，半身不遂，肌肉偏不用而痛，病在分腠之间"；"风之为病，当半身不遂，或但臂不遂者，此为痹。脉微而数，中风使至"。《素问·生气通天论》谓："汗出偏沮，使人偏枯。"《素问·阴阳别论》云："三阴三阳，发病为偏枯萎易，四肢不举。"景岳谓："凡年力衰迈，气血将离，则积损为颓，此发病之因也。盖阴亏于前，而阳损于后，或四肢瘫痪者，肝脾之气败也。"

对于半身不遂的病因，廖老总结了历代医家所论，将其分为外因和内因。

外因，多因外中风邪而致偏枯。廖老认为"风为百病之长"，"巅高之上唯风可到"，火热至极变动生风。风火致病在中风偏瘫中尤为突出。"肝为风之脏"，中风偏瘫的发病，从脏腑方面而言，与肝脏的关系最为密切。肝阳暴张，内风旋动，夹痰夹火，风痰上扰，气血逆乱犯脑，以致络破血溢脉外，终致瘀血内留，发生中风偏瘫。

内因有虚实二型。虚型为半身气血虚弱，元气亏损，经脉失养而成偏枯，年老正气不足是中风主要的病因病机。衰老的人体气血均有不同程度的虚弱，气虚则血液运行不畅，髓海得不到供养，脑窍不荣则神机失用、昏仆失语；四肢经脉失养则半身偏瘫。实型多为患者素患嗜酒生痰，痰湿阻滞半身经脉而致偏枯。廖老认为体内深藏于肺脏、心包、肝脏等脏腑血脉中的痰湿之邪，成为中风偏瘫发生的隐患，当人体内外环境中出现特定的诱发因素时，则会引动深藏于体内的这种痰湿之邪，从而扰乱脏腑本身的气血运行，引起脏腑气血的损伤，导致肝魂、肺魄、心包使道均受损伤，而出现中风偏瘫的临床症状。

2. 治疗半身不遂病的经验

根据廖老之临床经验，主要在于辨其虚实，治法有表里清温之别。

属于实者，宜驱风出表，疏通经络；虚者宜温补气血，或养阴熄风。如病初起，外有寒热身痛，口眼㖞斜，四肢或左或右，不仁不用，风邪散见，不拘一经，脉弦数浮滑者，以小续命汤为良，方由麻黄、防己、人参、黄芩、桂枝、甘草、川芎、芍药、杏仁各一两，附子一枚，防风一两半，生姜五两组成；日久气血衰，而邪尚盛者，则以大秦艽汤加减治之，方由秦艽、甘草、川芎、当归、白芍药、细辛、川羌活、防风、黄芩、石膏、白芷、白术、生地黄、熟地黄、白茯苓、川独活组成，以疏风清热，养血活血，主治风邪初中经络证；若因肝阳上亢，内风掀动者，以加减羚羊角散为主治之，方由羚羊角、天麻、钩藤、龙胆草、桑寄生、川牛膝、鸡血藤、僵蚕、蜈蚣（焙，研）、全蝎（焙，研）组成，主治类中风及卒中回苏后，血压未降，口眼㖞斜，舌暗失语，半身不遂，脉象弦长有力者，以柔肝祛风，养血通络；倘因气血衰败，脉象微弱，纯为阳虚者，则以黄芪五物汤加减（黄芪、桂枝、芍药、生姜、大枣）治之以益气温经，和营通痹。据廖老多年经验，此症挟有瘀血顽痰者十有七八，宜先涤去其痰涎，疏通其经络，然后补之，无不愈者。凡热痰重者，以疏经汤（方自《竹林女科》，由白芷、羌活、砂仁、桂枝、白术、香附组成）治之以疏经活血，祛风除湿；阳虚痰湿者，以加味六君汤（方自《医学集成》卷二，由人参、黄芪、焦术、茯苓、半夏、附子、陈皮、甘草组成）治之。

3. 病　案

病案 1：徐某，70 岁。1958 年 5 月 3 日初诊。

3 个月前发病卒倒，经治醒后，右手足偏废，毫无知觉，又经针灸亦无效。右侧肢体完全偏废，脉滑大而数。患者素好饮酒。

诊断：半身不遂。

辨证：痰热阻滞经络。

治疗：清热涤痰，疏经通络。

处方：疏经汤加减：

炒潞党参 15 g	白术 12 g	茯苓 15 g	广陈皮 10
姜半夏 15 g	姜竹茹 10 g	黄连 6 g	黄芩 6 g
天麻 10 g	麦冬 15 g	制胆南星 10 g	秦艽 10 g
石菖蒲 6 g	僵蚕 10 g	全蝎 3 g	红花 6 g
竹沥 3 勺	姜汁 10 滴		

二诊：上方疏经汤加减连服 5 剂，手足已渐活动，脉滑仍甚，痰尚多，故宗原法。

潞党参 18 g	白术 12 g	法半夏 15 g	广陈皮 9 g
茯苓 15 g	当归须 12 g	炒白芍 9 g	胆南星 9 g
红花 5 g	竹茹 9 g	天麻 9 g	雅连 6 g
酒芩 9 g	桑枝(酒炒)30 g	全蝎 3 条	竹沥 3 勺

姜汁 1 勺。

前方连服 14 剂，手足完全活动，行步自如，语言清利，眠食皆复正常，精神矍铄，步履健强，见者异之，不料其疾之已愈也。

按语：患者突发卒倒，手足偏废为主要表现，其脉滑大而数，此乃嗜酒贪杯，酿湿生痰，由痰生热，由热而生风，痰热有余，阻滞肢体经络所致。

治当予疏经汤加减以清热涤痰，疏经通络，方中以二陈汤清热燥湿化痰，伍以天麻、全蝎、僵蚕、秦艽以加强祛风解痉之功效；石菖蒲、竹沥以开窍豁、醒神；红花能活血通经，祛瘀止痛；半枯芩止血，降血压的作用。二诊时，患者诸症皆愈，其疾之已愈也。

病案 2：陈妇，女，50 岁。1963 年 10 月 17 日初诊。

病史：患者前月无故忽然倒仆，扶起后口眼歪斜，语言謇涩，右手足偏废，毫无知觉。经检查为脑梗引起偏瘫，治疗月余无效。查其神志清晰，唯手足分毫不能举动，下肢浮肿而冷，小便频繁。患者素嗜于酒，但饮不多，舌淡而白，脉濡弱而迟。

诊断：半身不遂。

辨证：阳虚挟痰。

治疗：温阳健脾，化痰除湿。

处方：

潞党参 30 g	黄芪 30 g	白术 20 g	秦当归 15 g
半夏 12 g	天雄 30 g	桂枝 20 g	大枣 5 枚
全蝎 3 g	朱茯神 12 g	广陈皮 9 g	石菖蒲 6 g
远志 9 g	炒白芍 12 g	生姜 3 片	

二诊：每日 1 剂，连服 5 剂。手足已觉活动，足能扶杖缓步，足肿全消，言已清利。唯手臂尚软弱疼痛，脉渐有神。仍宗原法，兼予活络。

潞党参 30 g	黄芪 60 g	桂枝 24 g	炒白芍 18 g
天雄 30 g	全蝎 3 g	乳没各 9 g	秦当归 30 g
半夏 12 g	大枣五枚	生姜 3 片	鸡血藤 60 g

前方连服 10 剂，手足完全活动，能不杖而行，唯手臂微有疼痛。嘱其仍服原方兼服活络丸，后痊愈来谢。

按语：本案患者以忽然倒仆，口眼歪斜，语言謇涩，一侧手足偏废为主要表现，其舌淡而白，脉濡弱而迟，此乃嗜酒生湿，而湿盛伤阳，阳气虚弱，痰湿阻滞肢体经脉的病理改变。辨证为阳虚挟痰之证。方选加味六君子汤加减以温阳益气、健脾化痰、活血通络。方中党参为君，甘温益气，健脾养胃；臣以苦温之白术，健脾燥湿，加强益气助运之力；佐以甘淡茯苓，健脾渗湿，苓、术相配，则健脾祛湿之功益著。使以炙甘草，益气和中，调和诸药。四药配伍，共奏益气健脾之功。半夏、陈皮燥湿化痰；黄芪功补三焦；石菖蒲化湿开胃，开窍豁痰，醒神益智；远志具有安神益智、祛痰的功能；当归，专能补血，能养营养血，补气生精，安五脏，强形体，益神志；姜枣相配，是为补脾和胃；炙甘草调和药性，诸药通用以温阳益气、健脾化痰、活血通络。二诊时，患者手足已觉活动，足能扶杖缓步，足肿全消，言已清利。唯手臂尚软弱疼痛，脉渐有神。仍宗原法，兼予乳没以活络。连服数剂，诸症渐愈，唯手臂微有疼痛。嘱其仍服原方兼服活络丸，终获痊愈。

十七、对高血压的认识和治疗

高血压是指体循环动脉收缩压和(或)舒张压的持续升高，是以体循环动脉压升高、外周血管阻力增高同时伴有不同程度的心排血量和血容量的增加为主要特点的临床综合征。健康调查结果显示，我国高血压患病人数近1.6亿。但目前我国高血压病的知晓率为30.2%，治疗率为24.7%，控制率仅为6.1%，仍处于一个较低水平。调查还显示成人平均收缩压为120 mmHg，男性高于女性，农村高于城市，收缩压随着年龄的增加而上升；平均舒张压76 mmHg，男性高于女性，城市与农村相当，中老年人高于青年人。

高血压发病率的逐渐上升，长期高血压是多种心血管疾病的重要危险因素，并影响重要器官如心、脑、肾的功能，最终可导致这些器官的衰竭。高血压病具有发病率高、致残率高、死亡率高的特点，治疗上仍面临着巨大挑战，这就要求临床治疗须针对不同个体，采取积极有效的降压治疗方案，提高达标率，降低心脑血管事件的发病率及死亡率。

高血压病病程较长、控制困难、服药时间久、不易根治，多数患者甚至需要终身服药。临床上是根据血压的水平及高血压患者的危险程度，开始启动高血压药物治疗。容易导致高血压病的因素包括：肥胖、高脂高盐低钾饮食、少活动的生活方式、吸烟、大量饮酒等。一级高血压患者采取单药治疗，二级以上高血压患者采取联合治疗方案。

目前临床上抗高血压的药物，包括临床广泛应用的利尿剂、β-受体阻滞剂、血管紧张素转换酶抑制剂、血管紧张素Ⅱ受体拮抗剂、钙拮抗剂、a-受体阻滞剂，等等。

1. 对高血压病因病机的认识

中医学中并无"高血压"病名，然据其出现之症状，颇相当于中医头痛、眩晕等范畴。对于该病的病因病机，历代医家多有记述，《黄帝内经》病机十九条中已经明示："诸逆冲上，皆属于火。""诸风掉眩，皆属于肝。"此指高血压病属于肝病，由肝阳之上厥所致。叶天士谓："肝为风木之脏，体阴而用阳，其性则刚，主升，全赖肾水以涵之，血液以濡之，则刚劲之质，主动化为柔和之体，遂其条达畅茂之性，何病之有？水不涵木，则血燥热而风阳上升，窍络阻塞倘肾阴有亏，眩晕跌倒，甚则昏厥。"此指明风阳之上升，头目不清，实由肾阴之亏，然高血压阴虚阳亢者固多，由火衰而下焦寒冷，虚阳不安于宅，离而上越者，亦可见之，认为其主要原因实根于肾。

中医学认为，高血压病常与情志失调、饮食失节、内伤虚损等因素有关。情志失调，长期精神紧张或恼怒忧思，可使肝气内郁，郁久化火，耗损肝阴，阴不敛阳，使肝阳偏亢，肝阳上扰于头目。饮食失节过于肥甘厚味，或饮酒过度，以至湿浊内生，湿浊久蕴可以化热化火，火灼津液成痰，痰浊阻塞脉络，上扰清窍，而发生此病。内伤虚损劳伤过度或年老肾亏，肾阴不足，肝失所养，阴不敛阳，肝阳偏亢，内风易动。本病的发生多是由于肝、肾、心、脾阴阳的消长失去平衡和气血逆乱所致。

廖老根据《素问·生气通天论》谓"阴者，藏精而起亟也；阳者，卫外而为固也；阴不胜其阳，则脉流薄疾，并乃狂"等相关理论，认为人身血压之高低与血行有关。若血行过疾，则为病，血行过缓，亦为殃。急则血压升高，慢则血压降低。从病理而论，他认为血压升高之因，其主要原因实根于肾，一是肾阴亏虚，水不涵木，肝风内动，风阳上升；一是火衰而下焦寒冷，虚阳不安于宅，离而上越，且数见不鲜。

113

2. 治疗高血压病的经验

据廖老多年经验，此病当分别阴阳虚实而施治。临床上将高血压分为四种类型：肝阳上逆、肝虚风动、阴虚肝旺、虚阳上越。其总的治疗原则为：对阴虚阳亢者，用清肝、平肝、熄风、柔肝、滋阴、养血诸法；对阳虚阴盛者，用温阳益肾、填精补血等法。各种证型根据其不同病因病机而采取不同的治疗思路与方法。

（1）肝阳上逆：凡人平日肝阳素旺，或因情志多郁，久而化火，风阳上扰，血压骤升，其脉弦洪数。证现热象，则以清肝泄胆、降逆熄风为法，叶氏羚菊汤为良。

（2）肝虚风动：此证因肝血虚损，阳气衰弱，虚风内动，多发于过耗脑力之人，其脉濡弱迟小，或见虚弦，大忌寒凉反伤肝气。治以自制异和汤，甘缓酸敛，屡收捷效。

（3）阴虚肝旺：凡肾阳素亏，木失滋荣，相火妄动，逼血上升，皆因水不济火，阴不胜阳，如鱼失水而上跃，其脉细数而弦，法当峻补真阴，以潜其阳，唯加味定风珠，力挽狂澜。

（4）虚阳上越：奔越而上，如肾中真阳素衰，阴反乘之，阳不能安于肝中相火，同类相感，脉则浮洪无力。此阳因失火而离，风阳陡生非有余也何以挽散亡之阳。治须温纳元气，引阳归宅，大忌清凉。唯予加味地黄汤，随手奏效。

3. 病　案

病案1：刘某，女。1957年8月15日初诊。

病史：患者素头昏目眩，时轻时重，四肢常麻木，呕吐腹痛。近日，忽心跳剧烈，不能把握，头晕不敢动，继而神思恍惚，言语错乱，歌哭无常，彻夜不睡，饮食不进，时有抽搐。经西医检查，收缩压为223mmHg，诊断为高血压精神分裂症。面目发红，舌色红绛，脉弦数鼓指。

诊断：高血压病。

辨证：阴亏阳亢。

治疗：滋阴潜阳。

处方：羚菊汤加减：

羚羊角粉(冲)5 g	桑叶 15 g	杭菊 12 g	钩藤 12 g
焦山栀 12 g	生杭白芍 24 g	龙胆草 10 g	牡丹皮 12 g
刺蒺藜 12 g	川贝母 10 g	天竺黄 10 g	郁金 6 g
生地 18 g			

生杭白芍能养血而柔肝，缓急而止痛。

二诊：服 3 剂后，神志大清，抽搐全止，收缩压降至 190mmHg，各恙皆退。唯晚间惊恐不眠，神志未安。

大生地 30 g	石决明 30 g	珍珠母 30 g	牡蛎 30 g
杭菊 12 g	刺蒺藜 12 g	血琥珀(冲)5 g	龙齿 30 g
女贞子 15 g	茯神 12 g	枯芩 10 g	竹茹 10 g
天麻 10 g	炙甘草 10 g		

上方随时各有增减，数剂后，收缩压降至 152mmHg，上症消失。

按语：本例高血压伴有眩晕、肢体麻木等中风先兆，同时又有精神症状出现，其舌色红绛，脉弦数鼓指，此《素问·生气通天论》之所谓"阴不胜其阳，则脉流薄疾，并乃狂"，乃阴亏阳亢也，治疗大胆使用羚菊汤加减清肝、平肝以降血压，方中羚羊角粉、钩藤、桑叶、杭菊，既能平肝息风，又能清肝明目；刺蒺藜、牡丹皮、龙胆草、黄芩、焦山栀清肝胆之热，焦山栀又能清血分热，还能止血；牡丹皮善清血，而又活血，因而有凉血散瘀的功效，使血流畅而不留瘀，血热清而不妄行。川贝母，《别录》有载："疗目眩，安五脏。"天竺黄凉心定惊，郁金活血止痛，生地清热、生津、滋阴、养血。二诊服 3 剂后，神清，抽止，收缩压下降，各恙皆退。唯晚间惊恐不眠，神志未安。予以清热化痰、醒脑开窍之法，上方随时各有增减，数剂后，上症消失，血压恢复正常。

病案 2：陈某，男，45 岁。1956 年 8 月 20 日初诊。

病史：患者常有头痛眩晕，头目昏胀，近益剧，四肢发麻，耳鸣如蝉，夜不能寐，咽干口燥，心悸心荡，行动倾跌，不能自持。收缩压高达 200mmHg，舌质红绛少苔，脉弦细而数。此阴虚于下，阳逆于上也，宜以水制火。

诊断：高血压病。

辨证：阴虚肝旺。

治疗：峻补真阴，以潜其阳。

处方：加味定风珠加减：

大生地 30 g	女贞子 15 g	朱麦冬 15 g	阿胶 10 g
牛膝 12 g	生杭白芍 18 g	夜交藤 30 g	炙甘草 10 g
玄参 12 g	沙苑子 12 g	牡蛎 30 g	珍珠母 30 g

鸡子黄（分冲）3 枚

二诊：5 剂后，各恙大减，睡眠已安，但晨起头胀心烦，仍宜潜镇。

生熟地各 18 g	女贞子 15 g	朱茯神 12 g	淮山药 18 g
山萸肉 15 g	夜交藤 30 g	牡丹皮 10 g	牡蛎 30 g
杭白芍 15 g	石决明 4.5 g	珍珠母 30 g	龟板 30 g
五味子 6 g	沙苑子 12 g		

又 5 剂后，收缩压降为 145 mmHg，诸症消退。

按语：本案高血压，收缩压高达 200 mmHg，已现行动跌仆之兆，其舌质红绛少苔，脉弦细而数。此阴虚于下，阳逆于上也，治宜壮水制火的定风珠加减，方中鸡子黄、阿胶为血肉有情之品，滋阴养液以熄虚风，共为君药。又重用生白芍、生地、麦冬壮水涵木，滋阴柔肝，为臣药。阴虚则阳浮，故以龟板、牡蛎潜镇之品，以滋阴潜阳，重镇熄风；五味子酸收，与滋阴药相伍，而能收敛真阴，与白芍、甘草相配，又具酸甘化阴之功。以上诸药，协助君、臣药加强滋阴熄风之效，均为佐药。炙甘草调和诸药，为使药。方中以大队滋阴养液药为主，配以介类潜阳之品，寓熄风于滋养之中，使真阴得复，浮阳得潜，则虚风自熄。

病案 3：曾某，男，40 岁。1958 年 10 月 11 日初诊。

病史：头目经常昏晕，彻夜不眠，夜间溺频，脉小弱而迟。收缩压 225mmHg。

诊断：高血压病。

辨证：肝虚风动。

治疗：养血柔肝，潜镇熄风。

处方：龚和汤：

熟地 24 g	山萸肉 12 g	炙枣仁 12 g	五味子 10 g
枸杞子 12 g	炙甘草 10 g	秦当归 10 g	龙齿 30 g
牡蛎 30 g	云母石 30 g	沙苑子 12 g	木瓜 12 g
首乌 15 g	茯神 12 g	桂圆肉 12 g	杭白芍 12 g
补骨脂 12 g	远志 6 g		

二诊：3 剂后，症状大减，收缩压降至 190 mmHg，原方加减：

西洋参 10 g	熟地 24 g	淮山药 18 g	沙苑子 12 g
首乌 15 g	云母石 24 g	龙齿 30 g	牡蛎 30 g
五味子 10 g	枸杞子 12 g	女贞子 15 g	炙甘草 10 g
远志 6 g	杜仲 12 g	桂圆肉 12 g	山萸肉 6 g
酸枣仁 10 g	龟板 15 g		

6 剂后，收缩压已降到 170 mmHg，症状全消，遂工作如常。

按语：本案高血压患者收缩压高达 225 mmHg，有头昏、眩晕之兆，此乃肝血虚损，虚风旋动，法宜养血柔肝，潜镇熄风，大忌寒凉，予自制龚和汤缓解。以白芍、熟地、当归、枣仁、山萸肉、制首乌等养心肝之血等；又以龙骨、牡蛎、桂圆、远志等重镇平肝，以潜浮阳，兼以宁心安神；木瓜、五味子甘缓酸敛。二诊服药后，症状大减，收缩压降至 190 mmHg，原方加减。数剂后，症状全消。

病案 4：孙某，男，46 岁。1959 年 6 月 20 日初诊。

病史：患者一日忽昏倒，醒后头目苦眩，心中烦热，精神疲倦，四肢麻木，小便清长。曾服梧桐片及寿比南等药多日皆无效。收缩压 220 mmHg，其脉缓大无力，尺脉尤虚。

诊断：高血压病。

辨证：虚阳上越。

治疗：温纳元气，引阳归宅。

处方：加味地黄汤：

熟地 30 g	山萸肉 15 g	淮山药 18 g	酸枣仁 12 g
沙苑子 12 g	枸杞子 12 g	茯神 12 g	五味子 10 g
龙骨 24 g	制附片（先煎）12 g		上桂 3 g

云母石 30 g　　　补骨脂 12 g　　　牛膝 10 g　　　柏子仁 12 g

二诊：服6剂后，症状大减，收缩压降至154mmHg。前方略作加减，勿动桂附，再进6剂，症状消失。嘱其长服八味地黄丸，遂未再发，恢复工作。

按语：本案高血压，出现昏仆、醒后有眩晕、肢麻等症，其脉缓大无力，尺脉尤虚。此乃真阳素虚，内风上冒，法当温敛，用加味地黄汤。方中熟地、山萸肉、山药，三药配合，肾肝脾三阴并补。茯苓淡渗脾湿，并助山药之健运，助真阴得复其位。附子有峻补元阳，益火之源，散寒止痛的作用；配肉桂，可补阳益火。补骨脂、牛膝配伍以加强附子、上桂补肾助阳之功效。方中使用附、桂、补骨脂、云母石、沙苑子等温补真阳之品，六剂而诸症平复。

十八、对阑尾炎的认识和治疗

阑尾炎是指各种致病因素作用于阑尾所引起的炎症改变。急性阑尾炎80%以上的病人在5～35岁。青春期男女发病率之比为3∶2，平均每15人中有1人在一生中患急性阑尾炎。

阑尾炎的病因和发病机理主要存在三种学说：第一，阑尾管腔阻塞学说。阑尾腔阻塞是发生炎症最常见的原因，阑尾近端梗阻后，阑尾黏膜分泌的黏液不能排出，腔内压力上升，血运发生障碍，细菌容易入侵，形成急性炎症。第二，细菌入侵。由于阑尾管腔阻塞，细菌繁殖，分泌内毒素和外毒素，损伤黏膜上皮并使黏膜形成溃疡，细菌穿过溃疡的黏膜进入阑尾肌层。阑尾壁间质压力升高，妨碍动脉血流，造成阑尾缺血，最终造成梗死和坏疽。致病菌多为肠道内的各种革兰氏阴性杆菌和厌氧菌。在发病过程中管腔阻塞和细菌感染都可能存在，且互相影响。第三，神经反射学说。认为阑尾受神经系统支配，植物性神经系统调节胃肠道平滑肌和腺体的活动，副交感神经(迷走神经)有促进胃肠道活动、增强排泄、促进分泌的作用。应激下植物神经功能紊乱可能导致胃肠道功能紊乱。由于迷走神经兴奋性增强，引发阑尾肌肉痉挛以及血液循环障碍(阑尾血管痉挛)，阑尾壁急性充血水肿，导致或加重梗阻，进而出现缺血、坏死，细菌侵入而引发急性炎症。

其特点是转移性右下腹疼痛，右下腹麦氏点有固定性压痛。急性阑尾炎是腹部外科最常见的急腹症，诊断明确后需立即制订一个明确治疗的方案。治疗上分为手术疗法和非手术疗法，原则上应强调以手术治疗为主。首选的治疗方法是阑尾切除术。

1. 对阑尾炎病因病机的认识

本病属于中医学"肠痈"的范围。对于该病的病因病机，历代医家多有记述，如《灵枢·上隔第六十八》云"喜怒不适，食饮不节，寒温不时，则寒汁流于肠中，流于肠中则虫寒，虫寒则积聚，守于下管，则肠胃充郭，卫气不营，邪气居之。人食则虫上食，虫上食则下管虚，下管虚则邪气胜之，积聚以留，留则痈成，痈成则下管约。其痈在管内者，即而痛深。其痈在外者，则痈外而痛浮，痈上皮热。"巢元方在《诸病源候论》载："肠痈者，由寒温不适，喜怒无度，使邪气与营卫相干，在于肠内，迨热，加之血气蕴结，聚成痈，热积不散，血肉腐坏，化而为脓。其病之状，小腹肿而强，抑之即痛，小便数似淋，时时汗出，复恶寒，其身皮甲错，腹皮急，如肿状，诊其脉洪数者已有脓也，其脉迟紧者未有脓也。甚者腹肿大，转侧闻水声，或绕脐生疮，穿而脓出，或脓自脐出，或大便出脓血，惟宜急治之。"宋代的《圣济总录》曰："肠痈由喜怒不节，忧思过甚，肠胃虚弱，寒温不调，邪热交攻，故营卫相干，血为败浊，流渗入肠，不能传导，蓄结成痈，津液腐化，变为脓汁。"特别提出了"肠胃虚弱"这一内因，对肠痈的发病也有一定的作用。《成方便读》曰："夫肠痈之病，皆由湿热瘀聚郁结而成。"明代陈实功在《外科正宗痈论第二十八》对于肠痈的病因、病机、证候的记述都较前有进展。指出"夫肠痈者，皆湿热瘀血流入小肠而成也。又由来有三：（1）男子暴急奔走，以致肠胃传送不能舒利，败血浊气壅遏而成者一也；（2）妇人产后，体虚多卧，未经起坐，又或坐草艰难，用力太过，育后失逐败瘀，以致败血停积肠胃结滞而成者二也；（3）饥饱劳伤，担负重物，致伤肠胃，又或醉饱、房劳过伤精力，或生冷并进以致气血乖违，湿动痰生，多致肠胃痞塞，运化不通，气血凝滞而成者三也。"从历代医家对该病的记载，对该病的病因病机的认识已较为统一，认为本病的形成多由进食厚味、恣食生冷和暴饮暴食等因，以致脾胃受损，胃肠转化功能不利，气机壅塞而成；或因饱食后急暴奔走，或跌仆损伤，导致肠腑血络损伤，瘀血凝滞，肠腑化热，瘀热互结，导致血败肉腐而成痈脓。饮食不节，暴饮暴食，或过食油腻、生冷、不洁之物，损伤肠胃，湿热内蕴于肠间；或因饮食后急剧奔走，导致气滞血瘀，肠络受损；或因寒温不适，跌仆损伤，精神因素等，导致气滞、血瘀、湿阻、热壅，瘀滞、积热不散，血腐肉败而成痈肿。其基本病机为湿热内蕴，气血凝滞。

廖老根据《灵枢·痈疽》载"寒邪客于经络之中则血泣，血泣则不通，不通则卫气归之，不得复返，故痈肿。寒气化为热，热胜则腐肉，肉腐则为脓"等相关理论认识，此病之因有二，即外因和内因是也，又有化寒化热之转变，及急性与慢性之差别。认为此病之成，必先有内因，或痰食停聚，或气机不利，而又复感寒邪，或因剧烈劳动，逼使气血痰食，转结不散，停于阑尾，久而生炎为患。

2. 廖老对阑尾炎病的治疗经验

对阑尾炎的辨证分型，必须辨明寒热二证，临床之际，廖老将其分为三型。

寒型：患者肌肤甲错，腹皮如肿状，腹无积聚，身无热，但恶寒，脉数无力。此为肠内有痈脓，久积阴冷所成也。用《金匮》薏苡附子败酱散为主，或加减牡丹皮汤亦颇效。

热型：患者少腹肿痞，按之即痛如淋，小便自调，时时发热，自汗出复恶寒，其脉迟数有力者，脓未成，可下之，当有血下；脓已成，不可下也。大黄牡丹皮汤主之，阑尾消炎汤亦主之。

虚型：如下后脓多，痛反甚，面白食少，脉细数无力或濡，乃气血大虚，不可再用清凉克伐之品，宜薛立斋之加味十全大补汤为良。

廖老根据中医理论"六腑以通为用""以通为补"为指导原则，参阅诸家、反复验证的基础上自制阑尾消炎汤，专门用于治疗急性阑尾炎而因热毒或湿热所致之血热蕴结者。主要是由金银花、玄参、牡丹皮、生甘草、乳香、没药、小红藤、菖蒲、赤芍、生大黄、桃仁、冬瓜仁、紫花地丁、元胡、连翘五钱等药物组成。具有清热解毒，凉血散血之功。方用金银花、连翘、红藤、紫花地丁、生大黄等味清热解毒，攻下热结，以除致病之因；又以玄参、赤芍、牡丹皮、桃红、乳没等味凉血活血，以消散血热瘀积。其大多清热解毒之品，对阑尾局部炎症的控制，起到了至关重要的作用。

3. 病　案

病案1：曾某，男，35岁。1964年6月住院治疗。

病史：患者自诉右腹部剧烈疼痛，拒按，痛处灼热，头昏胀，口苦咽干；大便3日未解，小便短黄，呕吐，身发高热，而又恶寒；舌红苔黄，脉数。

诊断：急性阑尾炎（肠痈）。

辨证：毒热证。

治法：清热解毒，通里攻下，辅以凉血散血。

处方如下：

金银花45 g	元参24 g	丹参12 g	生甘草6 g
乳没各6 g	牡丹皮12 g	元明粉15 g	小红藤45 g
石菖蒲10 g	桃仁10 g	冬瓜仁24 g	杭白芍24 g
酒军10 g			

二诊：1剂后痛减三分之二，寒热已消失，体温下降，小便转淡，但小便解时茎中刺痛，大便仍未解，余症皆减。原方酒军易为生大黄10 g，续服1剂。

三诊：大便畅解，痛势大减，小便顺利，不复痛。原方去大黄、元明粉，加炒谷芽12 g，再服2剂。2剂后，腹痛全消，白细胞及体温均正常，眠食二便亦正常，遂出院。

按语：本病例以右腹部疼痛、拒按，伴畏寒、高热为主要表现，其舌红苔黄、脉数。此乃热毒炽盛，容易出现变证，属里热实证，起病急骤，发展迅速，病情急重，中医治疗本病在"通"，非通不能泻热排毒，治疗之要在"早"，以免发生变证。中药予以清热解毒，通里攻下为主，行气活血为辅。方中以金银花、元参、小红藤、丹参、牡丹皮清热解毒；酒军苦寒攻下，泻热逐瘀，荡涤肠中湿热瘀结之毒；牡丹皮兼能活血散瘀，与酒军合用，泻热破瘀；杭白芍、乳没、元明粉行气、缓急止痛；桃仁活血破瘀，合牡丹皮散瘀消肿；

冬瓜仁甘寒滑利，清肠利湿，引湿热从小便而去，并能排脓消痈，为治内痈要药。石菖蒲化湿浊而和中。二诊 1 剂后痛减三分之二，寒热已消失，体温下降，小便转淡，但小便解时茎中刺痛，大便仍未解，余症皆减。原方酒军易为生大黄取其苦寒攻下，泻热逐瘀，荡涤肠中湿热瘀结之毒。三诊大便畅解，痛势大减，小便顺利，不复痛。原方去大黄、元明粉，加炒谷芽保护脾胃，避免苦寒伤脾，再服 2 剂而愈。

病案 2：周某，男，35 岁。1964 年 6 月住院治疗。

病史：患者右下腹部疼痛拒按，时作呻吟，时欲呕吐，渴不思饮，体温正常，二便如常，舌红苔黄，脉数有力。

诊断：慢性阑尾炎（肠痈）。

辨证：湿热内蕴。

治法：清热利湿，行气活血。

处方如下：

小红藤 30 g	杭白芍 15 g	石菖蒲 6 g	金银花 12 g
连翘 10 g	延胡索 10 g	牡丹皮 10 g	生大黄 10 g
乳、没 各 6 g	冬瓜仁 18 g	紫花地丁 30 g	甘草 6 g

上方连服 7 剂，腹痛完全消失。精神眠食一切正常，痊愈出院。

按语：本案以右下腹部疼痛拒按为主要表现，其舌红苔黄，脉数有力，乃湿热内蕴于肠间所致，治宜清热利湿，行气活血，方用阑尾消炎汤，方中取大多清热解毒之品，金银花、连翘、红藤、紫花地丁、生大黄等味予清热解毒，攻下热结，以除致病之因；又以白芍柔肝缓急止痛，紫花地丁清热解毒，石菖蒲、冬瓜仁清利湿热，牡丹皮、乳没等味凉血活血，以消散血热瘀积。诸药合用，腹痛消失，痊愈而安。

十九、对胆石症的认识和治疗

胆石症是指胆道系统包括胆囊或胆管内发生结石的疾病。发病年龄多在中年以上，女性多于男性。可以引起剧烈的腹痛、黄疸、发烧等症状。根据我国普查结果表明，该病的发生率在 2.4%~16.8%之间，而且随年龄的增加而增加，70 岁和 80 岁胆石症的发生率分别可达 42.7%和 51.9%。由于结石对胆囊黏膜的慢性刺激，还可能导致胆囊癌的发生，有报告此种胆囊癌的发生率可达 1%~2%。

现代医学研究认为，胆石的形成与胃肠道功能紊乱导致胆汁淤积、胆道的先天性畸形与后天的炎性狭窄、梗阻及细菌寄生虫的感染、胆固醇、胆汁酸代谢紊乱、胆囊的收缩功能减弱等因素有关。大多数胆石症相当长时间内不引起任何症状，仅在进食过量、吃高脂食物、工作紧张或休息不好时感到上腹隐痛或饱胀、嗳气、呃逆等。少数病人的胆囊结石的典型症状为胆绞痛，疼痛位于右上腹或上腹部，呈阵发性，或者持续疼痛阵发性加剧，可向右肩胛部和背部放射，可伴恶心、呕吐。常在饱餐、进食油腻食物后或睡眠中体位改变时发作。临床诊断有赖于临床表现和影像学检查。其治疗方法主要有溶石疗法、碎石术、内窥镜治疗、手术治疗等，但以上各治疗方法都存在自身不可避免的缺陷，如手术并发症、术后粘连、再手术率等都较高，口服药物毒副作用较大，而介入治疗尚未形成统一规范。

1. 对胆石症病因病机的认识

中医文献无胆石之名，但根据其出现之症状，可归属于中医之胁痛、胆胀等病症。《素问·缪刺论》谓"邪客于足少阳之络，令人胁痛不得息"；《灵枢·本输篇》谓"胆者，中精之府也。"《灵枢·经脉篇》曰："胆足少阳之脉……贯膈，络肝，属胆，循胁里。"认识到胆石症为湿热蕴结、气机郁滞所致。肝之与胆，同居胁下，经脉络属，互为表里，肝主疏泄，喜条达而恶抑郁，其性升发；胆藏精汁，主决断，其性通降。二者一脏一腑，一升一降，生理上相互依存为用，病理上相互影响传变。

中医学认为，胆为中清之腑，寄附于肝，藏胆汁而助消化，其气以下行通降为顺。肝胆共司疏泄之职。若胆道通降功能正常，在肝胆疏泄作用下，胆液经胆道排入肠中，助脾胃腐熟消化水谷。若因饮食偏嗜，忧思暴怒，外感湿热，虚损劳倦，胆石等原因导致胆腑气机郁滞，或郁而化火，胆液失于通降即可发生胆胀。如情志不遂，肝郁气滞，则胆失通降，胆为少阳，少阳为热，气机阻滞，易从热化，演生湿热；膏粱厚味，伤及脾胃，脾失运化，痰湿中阻，酿生湿热；湿热之邪，蕴结于肝胆，肝失疏泄，胆失通降，则胆汁郁滞不通；胆石阻滞湿热久蕴，煎熬胆液，聚而为石，阻滞胆道，胆腑气郁，胆液通降失常，郁滞则胀，不通则痛，形成胆胀。此外，也有由瘀血积块阻滞胆道而致者，其机理同胆石阻滞。其病机主要是气滞、湿热、胆石、瘀血等导致胆腑气郁，胆液失于通降。病位在胆腑，与肝胃关系最为密切。日久不愈，反复发作，邪伤正气，正气日虚，加之邪恋不去，痰浊湿热，损伤脾胃，脾胃生化不足，正气愈虚，最后可致肝肾阴虚或脾肾阳虚的正虚邪实之候。

廖老认为胆结石之形成，乃由肝气不舒，情志不遂，心气不宣，诸气一郁，则肝胆失其疏泄之功，肝胆之废汁积而不流，升降之机失其规律，胆中沉淀凝聚不散，积久而为泥为沙，甚则为坚石。故胆中结石，乃肝胆气郁之成果。然此气也，亦必借寒热之力，始能传泥沙而成坚石；因于寒、因于热为结石形成的主要因素。因于寒，则厥阴阴寒凝闭，结而为石；因于热，乃肝胆相火煎熬而为沙为石。

2. 治疗胆石症的经验

廖老治疗胆石一症，主要在分其寒热虚实，解其郁结。廖老在临床所见属实而热型者少，属虚而寒型者多。在治疗上，热证用清肝泻胆，解少阳郁热，宣畅气机；寒证则用温中行气，宣阳泄浊之法。

热型：若平日多劳多怒，七情气郁，郁久化热，少阳相火内燔，其病发时，症见右上腹及剑突下剧烈绞痛，其痛窜引背后及肩部，或前胸等部皆痛，兼口干口苦，恶心呕吐，发寒发热，或巩膜发黄，溺短而黄，舌苔黄腻，脉弦数或弦滑等象。法当清肝泄胆，解少阳之郁热，宣畅其气机，以疏胆石之阻塞，其痛自止。方用加味大柴胡汤，或排石汤，兼服硝石散或金钱草膏皆效。

寒型：如其人平素积劳伤阳，气血两亏，又因气郁不舒，忧思过度，阴盛阳衰，其病亦突然而发，其疼痛部位与热型相同，而痛尤剧烈，或昼轻夜重，呕吐食不能下，面唇青白，喜暖畏寒，消化不良，小便清白，舌苔薄白，脉濡弱或弦细而紧。治当温中行气，宣阳泄浊，其痛立止。阳虚寒甚者，加味理中汤为主；气血两虚者，加味归脾汤至效。但使血旺气充，其石自能排泄而出。若石在胆囊不能排出，兼服硝石散以缓化之。

3. 病　案

病案1：郭某，女，47岁。1957年7月至9月住院治疗。

病史：患者右上腹间断性剧烈作痛，有如刀割，屡服西药镇痛无效。痛剧时，放射到肩膀、腰背等部皆痛。西医诊断为胆道结石。外科屡劝施用手术，病者惧，不同意，然后转中医治疗。查其现症，胸腹胀满呕吐，不能进食，右上腹疼痛不解，皮肤浅黄，口不干，脉濡弱，舌滑少苔。

诊断：胁痛。

辨证：阳虚阴寒凝滞。

治法：通阳降逆，宣肝和胃。

处方：加味理中汤：

潞党参24 g	公丁香18 g	白术12 g	广陈皮6 g
炮干姜6 g	益智仁9 g	砂仁5 g	藿香10 g
茯苓10 g	半夏12 g	炙甘草3 g	

二诊：1剂后吐已止，痛全消，能进食，精神好转，色黄，脉微弱。仍当温中健脾，燥脾除湿。

潞党参18 g	白术12 g	黄芪18 g	白豆蔻5 g
砂仁6 g	半夏10 g	广陈皮6 g	益智仁10 g
炮姜6 g	附片（先煎）12 g	茯苓10 g	广香3 g
炙甘草3 g	川椒炭5 g		

2剂后，诸症完全消失，精神益振，又数剂。后经西医检查病已显著好转，乃出院，年余未发。

按语：本例患者以腹痛、黄疸为主要表现，其脉濡弱，舌滑无苔，此乃厥阴阴寒凝闭，肝胆失于疏泄，肝胆之废汁积而不流，升降之机失其规律，胆中沉淀凝聚不散，积久成石。辨为阳虚阴寒凝滞，治当通阳降逆，宣肝和胃。方用理中汤加公丁香等药温阳散寒通滞，砂仁、白豆蔻、藿香、茯苓、半夏芳香化湿、燥湿并用，广皮行气止痛。二诊，一剂后吐已止，痛全消，能进食，精神好转，色黄，脉微弱。仍当温中健脾，燥脾除湿。服数剂后，诸症完全消失，年余未发。

病案2：薛某，女，22岁。1959年5月至6月住院治疗。

病史：患者右上腹阵发性剧痛，精神不支，口苦头昏，病已年余。西医诊断为多发性胆结石。本拟开刀，因患者体弱，难施手术，乃转中医治疗。查其右上腹仍阵发性剧痛，有如刀割，小便短黄，口不干，右上腹痛处有硬块隆起，大如鹅卵，舌薄白，脉涩弱。

诊断：胁痛。

辨证：气血两虚，肝胆失于濡养。

治法：气血双补，缓急止痛。

处方：加味归脾汤：

潞党参 18 g	白术 12 g	黄芪 18 g	秦当归 12 g
杭白芍 12 g	桂圆肉 12 g	酸枣仁 12 g	远志 6 g
广陈皮 6 g	上桂 5 g	木瓜 12 g	五味子 3 g
首乌 15 g	炮姜 6 g	炙甘草 10 g	

连服5剂，痛大减，硬块缩小。原方加减，又5剂，胆区已完全不痛，其大而硬之包块也消逝无形。复经胆囊造影，胆已缩小，胆石已不明显，诸症皆消，乃出院，年余未发。

按语：本例患者以突发右上腹阵发性剧痛为主要表现，其舌薄白，脉涩弱，此痛不只在结石，乃气虚血弱，肝胆失于濡养所致，当宗《金匮》之肝虚，药用甘缓温柔之加味归脾汤，其痛可止。原方党参甘温益气，健脾养胃；白术，健脾加强益气助运之力；陈皮燥湿化痰；黄芪健脾益气；白芍能养血而柔肝，缓急而止痛；远志具有安神益智、祛痰的功能；当归，专能补血，能养营养血，补气生精，安五脏，强形体，益神志；桂圆肉既能补脾胃之气，又能补营血不足；酸枣仁味酸性平，功能养心益肝；上桂能振奋脾阳，又能通利血脉；木瓜入肝，功能缓急舒筋；五味子《本经》："主益气，咳逆上气，劳伤羸瘦，补不足，强阴"；制首乌具有补益精血，养肝安神；炮姜温中止痛；使以炙甘草，益气和中，调和诸药。诸药合用，痛大减。又服用数剂，诸症皆消，痊愈出院，年余未发。

病案 3：蔺某，男，45 岁。1958 年 4 月住院治疗。

病史：患者夙有胆道结石，时发时止。前日偶食生冷，右上腹部突然剧烈疼痛，屡经西医注射各种镇痛针药，不能定痛，因转中医治疗。自诉昼痛尚轻，夜痛不能忍，时时欲呕，口苦，二便正常，舌薄白，脉微小而缓。

诊断：胆石症。

辨证：肝脾气血两虚。

治法：气血双补。

处方：加味归脾汤：

条参 12 g	白术 10 g	茯苓 10 g	黄芪 12 g
秦当归 10 g	淮山药 15 g	桂圆肉 12 g	首乌 15 g
沙苑子 12 g	山萸肉 12 g	杭白芍 10 g	乌梅 3 枚
炙甘草 10 g	五味子 6 g	上桂 3 g	木瓜 12 g
龙骨 24 g	牡蛎 24 g		

1 剂后痛大减，只觉时有微痛。仍予原方又 3 剂，痛已全消，食欲精神加强。患者自诉其病每发一次痛半月不能止，今服此方 1 剂而痛顿止，3 剂而愈。

按语：本例患者以偶食生冷，突发右上腹部疼痛为主要表现，其舌薄白，脉微小而缓，此痛不只在结石，乃气血两亏，肝胆失于濡养所致。中医辨证肝脾气血两虚证。法当温柔甘缓，其痛可止。用归脾汤加减，甘缓温柔并用，使疼痛迅速缓解而愈。条参、白术、茯苓、炙甘草、黄芪，五药配伍，共奏益气健脾之功；当归，专能补血，能养营养血，补气生精，安五脏，强形体，益神志；淮山药，《本经》"补虚羸，补中益气力"；桂圆肉，既能补脾胃之气，又能补营血不足；首乌补益精血，养肝安神；沙苑子、山萸肉既能补益肝肾，又能收敛固涩，可主寒热温中；杭白芍、木瓜功能缓急而止痛，白芍兼能养血而柔肝；乌梅止渴调中、止吐；炙甘草、五味子，《本经》"主益气，补不足"；上桂能振奋脾阳，又能通利血脉；龙骨、牡蛎制酸以除痛，诸药合用，一剂后痛大减，又服用数剂，诸症皆消而愈。

二十、对肾结石的认识和治疗

肾结石是指发生于肾盏、肾盂及肾盂与输尿管连接部的结石，是泌尿系统常见病之一，在泌尿外科住院病人中占据首位。近年来，我国尿路结石的发病率呈上升趋势，已经成为和欧洲、北美洲并列的世界上三大高发地区之一，其发病率为 1%~5%，男性患者多于女性，结石患者人群中男女比超过 1.5∶1。其发病机制迄今不明，目前结石成因学说众多，主要包括尿液过饱和结晶理论、抑制成石因素缺乏学说、肾乳头钙斑理论、游离颗粒和固定颗粒理论、免疫抑制理论等，但每一种学说都只能解释一部分结石的成因。研究表明，上尿路结石形成，可能和患者年龄、性别、种族差异、饮食结构、周边环境、个体禀赋、职业特点、经济状况等因素都有关系。而常见的病因则和病患体内代谢水平异常、泌尿道的梗阻和感染、医源性原因等密切相关。

其治疗包括内科治疗、体外冲击波碎石（ESWI）、手术碎石取石等，内科治疗具有辅助排石药物，如呋塞米、坦索罗新等，都存在明显不良反应，患者耐受差；ESWI 虽具有操作简单、创伤小等优点，但其结石清除率低，复震可能性高；碎石中形成的残石可能引起再次损伤，残石也提高了结石的复发率。手术碎石取石术虽然结石清除率高，但是存在操作复杂、风险大、出血多、损伤较大、花费过高、并发症多等问题。

1. 对肾结石病因病机的认识

祖国医学中并无肾结石这一病名，但根据其临床表现，应该属于"淋证""腰痛""石淋""血淋"等范畴。对其具体的病因、病机、临床表现及理、法、方、药的研究主要散见于淋证、腰痛、石淋、血淋等病种。

对于该病的病因病机和临床表现，历代医家多有记述，如《黄帝内经》所论淋证病因以气不足，热有余为主，病位主要涉及肾、膀胱。《丹溪心法·淋》亦认为"淋有五，皆属乎热"。《诸病源候论·淋病诸候》指出"诸淋者，由肾虚而膀胱热故也"。《医宗必读》载有"石淋者，有如砂石，膀胱蓄热而成，正如汤瓶久在火中，底结白碱也"。《证治要诀》谓"石淋，溺有砂石之状，其溺于盆也有声，此即是精气结成砂石"。李时珍认为"此是淫欲之人，精气郁结，阴火煎熬，遂成坚质。正如滚水结碱，卤水煎盐，小便炼成秋石，同一义理也"。尤在泾所著《金匮翼·诸淋》中提出了诸淋的区别并非绝对，往往与病程有关的观点："初则热淋、血淋，久则煎熬水液，稠浊如膏如沙如石也。"陈士铎《石室秘录》曰："人有小便中溺五色之石，未溺之前痛甚，已溺之后少少宽快，此即石淋也。""湿热蕴结下焦，尿液受其煎熬，日积月累，尿中杂质结为砂石。"

从历代医家对该病的记载，对该病的病因病机的认识已较为统一，认为本病的形成多因过食肥甘辛热之品，脾胃运化失常，积湿生热，湿热流注膀胱，膀胱的湿热邪气又上犯于肾；或房事不节，劳累过度致脾肾亏虚；或外感湿热之邪，内伤七情，化火伤阴，导致肾虚；或久病不已，肾气受损，肾虚则膀胱气化不利，致湿热结于下焦，煎熬津液，尿中杂质渐结为砂石。其病位在肾与膀胱，涉及肝脾。其病机属本虚标实，所谓本虚，主要指肾虚；所谓标实，主要指结石所致气滞血瘀、湿热等病理产物阻碍气机，不通则痛。

廖老以中医"脏为阴，腑为阳"学说为指导，根据结石所在病位，认为肾结石病位在肾，肾属少阴而为阴腑，凡结石在肾盂者，多因阴寒凝聚，冰结而成；倘肾之阳气亏损，则泌尿之功能减退，肾中之盐质废料，因寒而凝涩不流，日积月累，结而为石。

廖老根据《素问·经脉别论》谓："勇者气行则已，怯者则著而为病。"又《素问·评热病论》云"邪之所凑，其气必虚"的理论认为：肾为三焦膀胱之主，职司排泄。治疗此病，重在治本，治本即是治肾，治肾重在温阳。必须补肾壮阳加强其排泄之功能，自拟加味地黄汤治疗肾脏虚弱，命门阳衰之结石者疗效甚佳。

2. 治疗肾结石的经验

加味地黄汤是由熟地、山萸肉、淮山药、菟丝子、续断、杜仲、茯苓、牛膝、淫羊藿、泽泻、枸杞子、附片、肉桂、海浮石、补骨脂等药组成。方中由六味地黄丸去牡丹皮，加菟丝子、续断、杜仲、牛膝、淫羊藿、枸杞子、附片、肉桂、海浮石、补骨脂而成。用于治疗肾虚命门阳衰，腰部疼痛，尿中带有红，发生结石，精神不振，畏寒肢冷，或头昏痛，夜尿频，脉濡弱，两尺尤虚者。

方中熟地黄，味甘、性微温，入心、肝、肾经，《珍珠囊》言："主补血气，滋肾水，益真阴。"山萸肉补养肝肾，并能涩精，取"肝肾同源"之意；山药补益脾阴，亦能固肾。三药配合，肾肝脾三阴并补，是为"三补"。泽泻利湿而泄肾浊，并能减熟地黄之滋腻；茯苓淡渗脾湿，并助山药之健运，与泽泻共泻肾浊，助真阴得复其位。菟丝子辛、甘、平，入肝、肾经，《药品化义》曰："用之入肾，善补而不峻，益阴而固阳。"有补肾固精的作用。熟地黄与山萸肉、枸杞子、菟丝子等都是平补的药品，熟无论肾阴亏虚或肾阳不足，都可配用；附子大辛、大热，有毒，入心、脾、肾经，有峻补元阳，益火之源，散寒止痛的作用，配肉桂，可补阳益火。海浮石《千金方》言："治石淋：浮石，使满一手，下筛，以水三升，酢一升，煮取二升，澄清服一升，不过三服。亦治嗽，淳酒煮之。"补骨脂，《本草经疏》："补骨脂，能暖水脏；阴中生阳，壮火益土之要药也。"牛膝，《别录》："疗伤中少气，男子阴消，老人失溺，补中续绝，益精利阴气，填骨髓，止发白，除脑中痛及腰脊痛，妇人月水不通，血结。"有补肝肾的作用。淫羊藿，《本草备要》"补命门，益精气，坚筋骨，利小便"，有补肾助阳的作用。续断、杜仲、补骨脂、淫羊藿、牛膝配伍以加强附子、肉桂补肾助阳之功效。诸药通用，补肾助阳，兼以行气通瘀，止痛利窍推石之功。

3. 病　案

病案：李某，40岁。1957年6月至8月住院治疗。

病史：患者腰痛已2年，病时轻时重，曾在多家医院住院治疗，经肾脏照片诊断为"双肾结石"。近来，发生少尿、水肿，在某院住院治疗，诊断为双肾结石、尿毒症。经抢救治疗肾功能好转出院，并嘱长服金钱草近两百斤，不但无效，病反加重。症现头昏耳鸣，心烦怔忡，夜不能眠，胸部胀满，腰部疼痛，不能坐起，食减神疲，动则气喘不支；脉微弦，右脉沉细。

诊断：肾结石。

辨证：肾阳虚弱，气化衰竭。

治法：温补肾阳，健脾益气。

处方：加味地黄汤加减：

高丽参 10 g	黄芪 18 g	熟地 18 g	淮山药 18 g
山萸肉 12 g	厚附片（先煎）15 g		上桂 6 g
枸杞子 12 g	酸枣仁 12 g	补骨脂 12 g	胡桃肉 18 g
茯苓 12 g	五味子 4.5 g	龙骨 24 g	琥珀(冲)5 g

又加味硝矾丸：火硝、明矾、海浮石、秋石，以上四味各一两，共末细，用麦粉糊为丸，每服一钱五分，日二服。

二诊：前方服 10 余剂，食欲增加，头晕耳鸣均止，睡眠渐安，腰痛减轻，唯上午气喘，午后较轻，夜间多溺。再用上方加减。

熟地 18 g	淮山药 15 g	山萸肉 12 g	酸枣仁 12 g
茯神 12 g	附片 15 g	上桂 6 g	秦当归 10 g
潞党参 24 g	菟丝子 12 g	补骨脂 12 g	巴戟天 12 g
黄芪 18 g	炙甘草 10 g		

上方同丸药又连服半月后，小便数次解出砂石，大如豆粒，落尿瓶中铮然有声，色灰暗粗糙，惜病者未注意，不知共排出几枚。然从此各种症状渐消失，精神焕发，唯行路尚感气累。嘱其改汤为丸，长期服之。病者又到省医院透视检查，双肾结石已全部肃清。其病乃告愈，数年未发矣。

按语：本案患者久病腰痛，并出现水肿为主要表现，其脉微弦，右脉沉细，此为肾阳虚弱，气化衰竭之象，治宜温补肾阳，健脾益气，兼以行气通瘀，止痛利窍，方选加味地黄汤加减，方中熟地、山萸肉补养肝肾，与山药三药配合，肾肝脾三阴并补，是为"三补"。高丽参、黄芪，健脾益气；茯苓淡渗脾湿，并助山药之健运；琥珀利尿通淋；附子有峻补元阳，益火之源，散寒止痛的作用；配肉桂，可补阳益火；补骨脂加强附子、上桂补肾助阳之功效；胡桃肉有溶石之功效。诸药通用，补肾助阳，兼以行气通瘀，止痛利窍推石之功。配以酸枣仁、五味子、龙骨安定心神。二诊服药 10 余剂，腰痛减轻，睡眠渐安，唯上午气喘，午后较轻，夜间多溺。效不更方，连服半月后，结石排出。各症状消失，其病乃愈。本病重在温肾治疗，为主治其本，配合硝矾丸，其结石由大化小，陆续自行排出告痊愈。

二十一、对肾炎的认识和治疗

肾炎是由多种原因引起的且有不同病理变化的肾脏非化脓性的炎性病变。皆因肾小体受到损害出现以蛋白尿、血尿、水肿、高血压等现象，是肾脏疾病中最常见的一种。本病病情迁延，病变缓慢进展，可有不同程度肾功能减退，大多数病例最终将发展为慢性肾衰竭(CRF)的一组肾小球疾病。任何年龄均可发病，但以中青年为多，发病率男性多于女性。在我国患病率约5%，属于多发病、常见病。有研究显示，慢性肾炎是导致慢性肾衰竭的最常见原因，对人民健康危害极大。

目前还没有特效治疗方法。治疗以防止或延缓肾功能进行性恶化，改善或缓解临床症状及防治严重并发症为主要目的。西医以对症治疗为主。包括积极控制高血压；限制食物中的蛋白及磷的摄入，高血压或水肿患者低盐饮食；应用抗血小板药物；避免加重肾损害因素；降脂，调节水、电解质及酸碱平衡紊乱；部分病例使用糖皮质激素和细胞毒药物等。

1. 对肾炎病因病机的认识

中医古籍中没有"肾炎"之名的记载，据其临床表现及证候特点，当属于中医学的"肾风""风水""水肿""尿血""腰痛"等病的范畴。如《素问·奇病论篇》"帝曰：有病庞然如有水状，切其脉大紧，身无痛者，形不瘦，不能食，食少，名为何病？岐伯曰：病生在肾，名为肾风。"《灵枢·水胀》"以手按其腹，随手而起，如裹水之状"。其临床症状以水肿为主要表现，如《灵枢·水胀》指出"目窠上微肿，如新卧起之状，其颈脉动，时咳，阴股间寒，足胫肿，腹乃大"。《素问·水热穴论》"劳甚则肾汗出，肾汗出逢于风……客于玄府，行于皮里，传为胕肿，本之于肾，名曰风水"。《金匮要略》中对风水的临床表现作了具体描述，如："风水，其脉自浮，外证骨节疼痛，恶风。""身体洪肿，汗出乃愈，恶风则虚，此为风水。"《素问·水热穴论篇》中有"故水病下为胕肿大腹，上为喘呼，不得卧者，标本俱病，故肺为喘呼，肾为水肿，肺为逆不得卧，分为相输俱受者，水气之所留也"。《素问·脉要精微论》指出："腰者，肾之府，转摇不能，肾将惫矣。"肾炎的发病多因脏腑虚损、风、湿、热、毒等邪气侵袭，正虚邪实合而致病。正如《素问·评热病论》所说"邪之所凑，其气必虚"。故肾炎病机特点是"正虚邪实""虚实夹杂"。其发病机制十分复杂，涉及肺、脾、肾、三焦等多个脏腑的功能失调。诚如《景岳全书·肿胀》指出："凡水肿等证，乃脾肺肾三脏相干之病，盖水为至阴，故其本在肾；水化于气，故其标在肺；水唯畏土，故其制在脾。今肺虚则气不化精而化水，脾虚则土不制水而反克，肾虚则水无所主而妄行。"

廖老根据《素问·水热穴论》曰："肾者至阴也，至阴者盛水也，肺者太阴也，少阴者冬脉也，故其本在肾，其末在肺，皆积水也。""肾者胃之关也，关门不利，故聚水而从其类也"，又《素问·阴阳别论篇》曰："三阴结，谓之水。"又华元化论此症谓："人中百病，难疗者莫出于水也。水者肾之制也，肾者人之本。肾气壮则水利，肾气虚则水散于皮。因而三焦壅塞，营卫关格，气血不从，虚实交变，水随气流，故为水病。"等相关理论认识肾炎属于"水肿"病范畴，廖老认为凡水肿起因，每由于肾脏之虚。认为本病的原始动因以肾虚为本，可继发各脏之虚，在本虚的基础上所继发水、湿、浊、热、瘀、毒等邪气，是为标实。

若肾中阳虚，则命门火衰，既不能自制阴寒，又不能温养脾土，阴阳不得其正，则化而为邪矣。夫气即火也，精即水也，阳旺则化精而为气，阳衰则不化而为水，即为邪。凡火盛水亏则病燥，水盛火亏则病湿。所以水肿之病，多属阳虚。

2. 治疗肾炎的经验

廖老根据自己多年的临床经验将肾炎（水肿）分为阳虚型水肿和阴虚型水肿两个证型，强调临床辨证要辨明外感、内伤之别，察其阴阳之虚实，治疗主要在于分别阴阳而处理治疗，常用发汗、利小便、逐水、调补的方法治之。

（1）辨明外感、内伤之别

凡由外感所起者，其肿必速，每成于数日之间。症见发热恶风，或恶寒，头面先肿，面上有热色，烦渴，大便秘结，小便赤涩，脉浮数等，此与急性肾炎大致相同。

若因内伤而起者，多由体内功能衰退所致，尤其是肾脏虚弱，阳气衰败，排泄无功，水道闭塞而成水肿。其发病比较迟缓，日积月累，其来有渐，每成于经月之后。症见其肿先从下起，渐渐周身皆肿，面色青白，肌肤不暖，口不渴，大便稀溏，小便不甚赤涩，脉沉迟弱小，此与慢性肾炎亦名异病同。

（2）察其阴阳虚实

凡外感水肿，须辨其为风寒或风热或风湿，多为阳水；内伤水肿，脏腑功能失调，多为阴水。

（3）阳水型水肿

阳证多热，热者必实，大便燥，小便赤，口渴面赤，脉沉数或浮数等。此多因涉水冒雨，或风寒、暑湿而得。其证多兼食积，或饮毒水，或疮皮所致，其发甚速。

（4）阴虚型水肿

阴水型阴证必寒，寒者多虚。其症口不渴，面色青白，大便滑，小便利，或小便少而不甚赤，脉沉迟微细等。此当由五志积劳，酒色过度，或营养不良，内伤脾胃，久而发病。

3. 病　案

病案1：黄某，男，34岁。1962年4月至5月住院治疗。

病史：患者曾浮肿治愈，现又复发。西医诊断为慢性肾小球肾炎。自4月起小便短少，肿势日剧，两下肢水肿，按之如泥，大腹肿胀如抱瓮，上肢肿势较轻，胸腔有少量积液；咳嗽气喘，精神食欲不良，大便正常；舌苔薄白，脉濡弱，血压高。

诊断：水肿。

辨证：阳虚水肿。

治法：温阳健脾，利水消肿。

处方：二五合剂：

潞党参 15 g　　　白术 12 g　　　猪苓 12 g　　　茯苓 30 g

泽泻 10 g	广陈皮 10 g	冬瓜皮 30 g	白茅根 24 g
商陆 10 g	牛膝 10 g	官桂 10 g	桑白皮 12 g
生姜皮 12 g	大腹皮 12 g		

兼服香砂六君子片，每服 10 片，日三服。

二诊：5 剂后下肢水肿尽消，小便增多，但大腹尚胀满如鼓，心累头昏，肢倦神疲，食欲不振。此中阳不运，浊阴充塞，法当辛热宣通，崇土制水，宗实脾饮法。

潞党参 15 g	焦白术 18 g	茯苓 30 g	木瓜 12 g
木香 10 g	草豆蔻 6 g	油厚朴 10 g	干姜 10 g
制附片 15 g	大腹皮 12 g	黄芪皮 12 g	砂仁 10 g
椒目 10 g	炙甘草 3 g	车前仁 12 g	

三诊：3 剂后，腹水大减，胀势已轻，但肝区硬块，胃区尚肿痛，再予活络软坚，通补气血。

潞党参 15 g	焦白术 15 g	黄芪 15 g	茯苓 12 g
当归 12 g	赤白芍各 10 g	淮山药 24 g	莪术 6 g
三棱 10 g	椒目 10 g	牡蛎 24 g	乳没各 10 g
车前仁 12 g	鳖甲 18 g		

5 剂后，周身浮肿已尽消，肝区硬块亦消散，一切皆正常。又用归芍六君合砂半理中汤服 3 剂，遂出院。

按语：本例以双下肢水肿为主要表现，其舌苔薄白，脉濡弱，此为中焦阳气虚衰，浊阴充塞所致，辨证为阳虚水肿，治宜温阳健脾，利水消肿，先用二五合剂健脾利水，方中茯苓甘淡性平，功专行皮肤水湿，奏利水消肿之功；车前、大腹皮之淡渗，增强其利水渗湿之力。党参、白术、黄芪、炙甘草、木香、砂仁益气健脾，行气化痰，黄芪兼有利水消肿；以白术和茯苓健脾以运化水湿。《素问·灵兰秘典论》谓："膀胱者，州都之官，津液藏焉，气化则能出矣。"膀胱的气化有赖于阳气的蒸腾，方中又佐以干姜、制附片、椒目振奋脾阳以助利水；橘皮理气和胃，醒脾化湿。佐以生姜皮，和脾散水消肿；桑白皮清降肺气，通调水道以利水消肿。诸药相伍，甘淡渗利为主，佐以温阳化气，使水湿之邪从小便而去。木瓜、草豆蔻、油厚朴燥湿行气，温胃、止呕；二诊服药后下肢水肿尽消，小便增多，但大腹尚胀满如鼓，心累头昏，肢倦神疲，食欲不振。此中阳不运，浊阴充塞，法当辛热宣通，崇土制水，宗实脾饮法，重在温补、行气化而非利水攻逐，旨在恢复患者脾肾阳气，气化一行则水自退。三诊腹水大减，胀势已轻，但肝区硬块，胃区尚肿痛，再予莪术、三棱、牡蛎、乳没、鳖甲活络软坚，潞党参、焦白术、黄芪、当归、赤白芍、淮山药以通补气血，数剂而消散。

病案 2：刘某，男，26 岁。1963 年 4 月至 9 月门诊治疗。

病史：患者于 2 年前冬起，病周身水肿。西医诊断为慢性肾小球肾炎。近来又因劳累而复发，周身肿胀甚剧，小便短涩而黄少，大便稀塘，食人反胀，腰部酸痛，夜间盗汗，曾服肾气汤无效，又出现溺管疼痛不适，右脉弱，左脉细数。

诊断：水肿。

辨证：阴虚湿热证。

治法：滋阴清热，利水消肿。

处方如下：

茯苓皮 24 g	猪苓 12 g	阿胶 12 g	滑石 15 g
泽泻 12 g	海金砂 10 g	草薢 15 g	木通 10 g
茅术 10 g	广陈皮 10 g	甘草梢 10 g	砂仁壳 10 g
厚朴 10 g			

二诊：5 剂后，小便量增，溺已不痛，肿势渐退，其肿早重而暮轻。原方去阿胶、木通，加黄芪 15 g、炙升麻 3 g。

三诊：又 7 剂，尿量益增，肿胀渐次消退，久坐仍足肿，但精神日旺，时有咳嗽。前日伤暑，身发高热而乏汗，头身皆痛，口苦而渴，小便又复短赤，脉洪数，先解暑湿。

羌活 10 g	独活 3 g	藁本 10 g	蔓荆子 10 g
防风 10 g	川芎 6 g	滑石 15 g	通草 6 g
枯芩 10 g	薏苡仁 12 g	雅连 3 g	青蒿 10 g

荷叶 10 g

四诊：1剂暑湿全解，热退身凉。但其咳嗽仍剧，引左胸胁刺痛，不能转动，肌肉消瘦，脉细数，势颇严重。复经透视有左肺结核、结核性胸膜炎。此病非短期可愈，因细询病情，实由不慎房劳，以致水不涵木，肝燥络瘀，故痛之剧而燥咳不休也。西医用抗痨药，中药予以养阴活络法。

生熟地各 10 g	山萸肉 10 g	生淮山药 18 g	牡丹皮 10 g
泡沙参 24 g	川贝粉 10 g	橘络 10 g	丝瓜络 15 g
百合 12 g	乳没各 10 g	玉竹 12 g	寸冬 12 g
苏子 10 g	炙甘草 10 g		

五诊：经以上治疗10余天后，胸部疼痛已大减，咳嗽稀少，精神食欲皆好转，脉仍细数，午后手心发烧。原方续服，各有加减，西药亦继续抗痨治疗。

六诊：20余天后，诸症完全消失。唯腰背痛酸楚，再予填精益肾治疗，防止水肿复发。

熟地 18 g	淮山药 15 g	山萸肉 10 g	枸杞子 12 g
续断 12 g	小茴香 10 g	杜仲 15 g	桑寄生 15 g
菟丝子 12 g	补骨脂 10 g	牛膝 10 g	牡蛎 18 g
龙骨 15 g	胡桃肉 18 g	淫羊藿 12 g	

患者水肿消尽，二便、精神、食欲完全恢复正常，脉亦和缓有神。复经检查，小便中已无异状。

按语：本例以周身水肿，腰痛，盗汗为主要之病表现，其右脉弱，左脉细数。此为阴虚兼夹湿热。治宜滋阴清热，利水消肿。本例首诊先给予茯苓、猪苓、阿胶、滑石、泽泻以利水渗湿为主，清热养阴为辅。方中猪苓取其归肾、膀胱经，专以淡渗利水。以泽泻、茯苓之甘淡，益猪苓利水渗湿之力，且泽泻性寒兼可泄热，茯苓尚可健脾以助运湿。入滑石之甘寒，利水、清热两彰其功；阿胶滋阴润燥，既益已伤之阴，又防诸药渗利重伤阴血。水湿去，邪热清，阴津复，诸症自除。二诊服药后，肿势渐退，其肿早重而暮轻。原方去阿胶、木通，加黄芪、炙升麻以益气升阳，利水消肿；三诊肿胀渐次消退，伤于暑，其脉洪数，取其羌、独、藁、防、芎、蔓荆子之类先解暑湿。四诊暑湿全解，合并肺结核病史，治宜西医用抗痨药，中药地黄、萸肉、山药、百合、玉竹、寸冬予以养阴活络法。后期予以填精益肾之品，防止水肿复发。

学 术 思 想

川派中医药名家系列丛书

廖蓂阶

一、以儒为基，深究岐黄术

儒医，是旧时人们对读书人出身的中医的一种尊称。儒医是具有很高的文化知识素养，很深的儒家经典学习经历，后又专注于医学一途的医者，具有儒家修身齐家治国平天下的情怀。中医理论中的阴阳五行学说最初诞生于儒家经典《周易》，因而完整的传统医学系统与儒家思想密不可分。

中医学历史悠久，绵延两千余年，深深植根于中华优秀传统文化的沃土之中，廖蓂阶先生自幼习读古籍十余载，聪颖勤奋，儒家经典皆能成诵，是一介饱学之儒士，有深厚的国学功底。他在书法上也具有深厚的功底，从他编写的《张氏方歌》、编著的《时病纲要》等医学著作的手迹中，不难看出他的字疏密有致，笔酣墨畅，自成一体。清光绪年间，廖蓂阶参加成都"新学"考试，取得第三名的好成绩，由此见其学识渊博，这些基础为他之后学习医学，并能够将医学书籍深入透彻地研究和理解、融会贯通并加以临床运用打下了坚实的理论基础。

廖蓂阶的父亲见其学识出类拔萃，便将其送至成都名中医史松樵先生门下学习岐黄之术。史老先生见廖蓂阶有深厚的儒学功底，并且勤奋刻苦，聪明执着，能迅速领悟中医的理论，故将毕生所学倾囊相授。随师学习的十年时间里，廖蓂阶先生专注于医学，以儒为基，深入研究岐黄之术，打下了坚实的中医中药理论基础，并熟练掌握了制药技能、诊脉技能，为日后的悬壶济世、名震一方创造了条件。廖蓂阶，正是凭借其深厚的传统文化底蕴，深入学习岐黄之术为真正成为一名医术精湛、道德高尚的苍生大医打下了基础。

二、将"病理学"概念揉入中医学的理论体系中

廖先生在中华人民共和国成立后，更加积极地投入到中医事业的发展中来，在教学和著述方面硕果累累。他编写的《中医病理学讲义〈内难纲要〉

篇》中，将《黄帝内经》《难经》等经典著作的理论条文引入"病理学"的概念，将病机的精微发展变化与西医学中人体的病理变化相类比。他在阐释"人受气于谷……其清者为营，浊者为卫，营在脉中，卫在脉外，营周不休，五十而复大会，阴阳相贯，如环无端"这一理论时说道："足三阳同手三阴，有似大动脉，由干走枝，足三阴同手三阳，有似回血管，由枝反干，与现代血液循环之理相合。"可见，廖蓂阶先生对现代医学亦有较深刻的认识，能够在"衷中"的基础上"参西"，便于学生领会和理解。

三、廖蓂阶关于阴阳的理论

1. 天人相通，阴阳为生之本

阴阳观是每一位中医学者学习的理论基础，廖蓂阶先生对阴阳有自己深刻独到的认识。他在编写的《中医病理学讲义<内难纲要>篇》中，从"天人相通"的角度阐发了阴阳观，他写到，"人之鼻息呼吸得天之阳气以养人身之气，饮食五味得天之阴气以养人身之血，人身无不与天相通，故阴阳为生之本"。这是廖蓂阶先生对阴阳观提纲挈领的认识，他认为人体中存在的阴阳关系源于天地人之间的共存关系，人之呼吸得之于天之阳气，而人之阴气得之于天之阴气，饮食五味得之于地之濡养，故人身与天地相通，人身与天地不可分，人身之阴阳来源于天地之阴阳，天地阴阳为生之本，为人身阴阳之基、之根、之本。天地阴阳为人体阴阳之本。

2. 阴阳互为功用

在天地阴阳为人体阴阳之本的理论基础上，廖蓂阶又提出了"人身阴阳互为功用，阳无阴则亡，阴无阳则脱。阴主藏精于内，而阴气常起而应乎外，阳者阴之卫也，有阳卫于外而后阴始能固护于中"的观点。这种学术思想指出，人体阴阳是互为功用的，阴阳不可分离，阴中有阳，阳中有阴。阳无阴则无所附着，阴无阳则无所生化。阳对阴为守卫作用、促进作用和生发作用，而阴对阳有濡养作用、呼应作用和固护作用。

3. 阴阳无限可分

廖蓂阶认为："人身阴阳有表里之分，若细分之，则每一脏腑各有一阴阳。"阴阳本为一体，相互包容，但阴阳亦有表里之分，每一脏腑各有一阴阳，阴阳之中复有阴阳，不断地一分为二，以至无穷。如昼为阳，而上午为阳中之阳，下午则为阳中之阴；夜为阴，前半夜为阴中之阴，后半夜则为阴中之阳。

4. 阴精阳固则神安

《素问·生气通天论》写到："阴平阳秘，精神乃治。阴阳离决，精气乃绝。"廖蓂阶将此段解释为"阴精和于阳气固秘，则精神安，否则精神绝灭"。阐释了阴阳之间互相依存，互相消长的关系。

廖蓂阶对阴阳观的阐释体现了他天人合一，天地阴阳为人体阴阳之本，阴中有阳、阳中有阴、阴阳互根、阴阳之中再分阴阳和阴阳无限可分的学术思想。

四、廖蓂阶治疗中风症临床发微

中风病临床多见且危急，危害甚大，致死率和致残率较高，常常留下后遗症，严重影响患者的生活质量，因其病因、病机复杂，为临床难治病之一。廖老在总结前人认识的基础上，对其归经、病因病机、治疗方面有较深入的认识，丰富了治疗手段，积累了经验，形成自己的学术思想。

廖老论治中风一症时非常推崇明代的《白云禅师中风论》，他曾经对这本书进行过详细的阐释和分析，他在论治中风时也多尊崇白云禅师的学术思想。

明代《白云禅师中风论》曰：太阳之经脉，宗结在头，根据在脑，发出之脉，其色白，大者如麦秆，小者如缠丝，围绕全身，统一身之气血水液，吸收五脏六腑之精气，归于脑海而化三十六液，分布四肢百骸、五脏六腑，调节各部阴阳，升降出入，各得其所，无有偏重，昼夜循环，无有间息，与天地之气相融合，同气运行而勿违，故能益长寿命，逆之则变常也。假令暴触七情，过食五味，极寒极热极劳等，均能伤及经脉，初伤之候，只觉头昏体倦，眠少梦多而已，伤久则经脉不调，脑精不化，壅阻经脉不通，则有经脉伤损之危。损甚大者，死在瞬间，损其小者，虽危不死，各有形状不一。其人卒然觉物击头，黯然有声；亦有不觉者，即"昏倒不知人事，有现口眼喎僻者，有眼泪鼻涕口涎痰壅者，有睛不正、唇缩眼胞陷者，有二便失禁、其白睛虽暗而无红晕等状者"。即使经脉损伤之微，切忌家人惊呼动摇，必须轻手移于床上，用被温覆，针灸人中穴，自然转苏，再详查各状，以何部不利随症治之。总以养正为主，切忌汗吐攻下，此治经脉伤损之概要。如治法不当，遂成偏枯，久之再误，遂成瘫废。

廖蓂阶先生视《白云禅师中风论》为自己辨证论治的方法与法则，通过以下他对《白云禅师中风论》的总结可以看出他论治中风的学术思想。

（一）归经太阳

太阳经循行部位起于目内眦，上行至额头部，左右交汇于头顶部。直行者从头顶部分别向后行至枕骨处，从枕骨处进入颅腔，络大脑，再回出分别向下行到颈项部，交汇于大椎穴处，再分别下行。所以廖蓂阶先生引白云禅师的论述，认为中风一症，归经应在脑。太阳经脉根据在脑，综结在头，这是对中风一症病位的认识。结合现代医学的解剖知识，这种认识是非常准确的。

（二）病因归于经脉损伤

廖氏认为，太阳之脉围绕着全身，统领一身之气血水液，经五脏六腑之精气统归于脑海，再经脑海之统摄后分布于四肢百骸五脏六腑，同时调节身体各个部分的阴阳升降与出入，使得各部各得其所，昼夜循环，无声无息，无间无息，并人体融于天地六气之中，方可阴平阳秘，延年益寿。

中风一症的发病原因为太阳经脉的损伤，若七情不调，过食肥甘厚腻之品，伤及脾胃，又劳倦伤脾，外感六淫寒热之气，则均能损伤太阳一脉。故而，廖氏认为外感六淫，内伤七情，饮食劳倦均可损伤太阳一脉。

（三）治以养正为主，切忌汗吐攻下；辨分经络虚实，经伤络破各有不同

1. 经脉伤损者，皆由于体虚

廖氏认为："凡属经脉伤损之人，皆由体虚所致，故治法以脾胃为基，少阴为本，察其脉息症状，分析治之。"他将中风患者详细分型论治，但总以固护后天脾胃为基，以增强先天少阴为本，具体有11种分型论治：

"阳虚者，脉必沉若迟缓，如口眼㖞僻者，用千金附子散，加乌蛇散。"

"阴虚者，脉必细数而长，如口眼㖞僻者，用防己黄芪汤，加地龙。"

"阳虚眼泪鼻涕口涎痰壅者，用麻黄附子甘草汤，加姜汁、半夏、荸荠。"

"阴虚眼泪鼻涕口涎痰壅者，用炙甘草汤，去姜、桂，加姜汁、牛黄。"

"阳虚目睛不正，眼胞陷下唇缩者，用四逆汤，加桂皮，针灸百会、人中、关元、涌泉等穴位。"

"阴虚目睛不正，眼胞陷下唇缩者，用参麦散，加人中、猪胆汁。"

"阳虚二便失禁者，用真武汤，加桂皮、补骨脂、胡桃肉、鹿茸。"

"阴虚二便失禁者，用地浆饮子，加荷叶。"

"阳虚偏枯者，用薯蓣丸，加鹿茸、虎胶、附子、乌蛇散。"

"阴虚偏枯者，用五髓五胶汤。"

"阴阳两虚者，首服炙甘草汤，加乌蛇散，瘫患者亦照此例。"

可见，廖氏对中风经脉损伤的辨证极其详细，主要的辨证方向分为阴虚及阳虚两个主要方面。他认为"经脉伤损，统属虚候"，故他对经脉损伤而不伴有络破的患者主要从虚证论治。

2. 络脉伤损者

廖氏认为："凡经脉损伤，纯属虚候，不比络破，有虚有实，故经络两候，各有不同，治也各异。"故而他将经伤与络破分别论治，经伤以虚证为主，络破有虚有实，故而临床症状不同，治疗也不同。

廖蓂阶先生认为："络脉者，生于心，根于肝，分阴阳两络，阳络颜色红赤而以出为主，阴络颜色青紫而以入为主，有出则有入，有入则有出，一出

一入，相互关联，相互贯通，相互为用。心主热，吸收肝血，贯输各部，昼夜循环，调节新陈，络脉之养，全赖于血，血之所生，全赖阴阳，纳谷化精，以资其生也。盖络脉受损之由，与经脉受伤略同，络脉破损之状，与经脉伤损之状有异，现症如后。"

脑脉破损，则"目之白睛必现红晕，目珠突出，神光必散露，唇必朵厚，面必微赤暗黄，人虽昏迷，时发躁乱，大便必涩，小便必短"，以此为辨。救治之法，也忌惊呼动摇，发汗催吐，先宜针灸"人中、合谷、涌泉"等穴，待其更转苏，再察何部不利，随症治之。

凡络脉破损，不仅在头，五脏六腑、四肢百骸均有之，如大络破者立死，小络破者有生。络破之血出于外者，名曰溢血，切忌冷涩；血不外出，蓄于内者，曰郁血，切忌滋补。上部溢血，其色赤；中部溢血，其色暗紫；下部溢血，其色乌紫。上部溢血治其下，下部溢血治其上，中部溢血旁取之。上部郁血，则"面皮光滑、浮肿，其色不纯"，独治胸中；中部郁血，则"心下痞塞，唇焦色紫，脐中硬满"，独治脾胃；下部郁血，则"少腹硬满，大便黑硬，小便自利，午后潮满，谵妄如狂"，独治二便，此为络破之辨别与治法。

凡上部溢血在脑，症见"目睛红晕，目珠突出，神光散露，唇厚面微赤，神昏躁乱，二便涩短"等状，如脉数有力者，此属阳盛，用犀角汤，加牛膝、地龙，兼服十灰散。

上部溢血，如脉见缓而沉迟，此属阴盛，用真武汤，加吴茱萸、桂皮、人中白、猪胆汁。

中部溢血，阳盛者，用龙胆泻肝汤，加犀角、降香。中部溢血，阴盛者，必"厥逆"，用通脉四逆汤，加焦艾叶、白马尿；不"厥逆"者，用黄土汤，加柴胡、朱砂。

下部溢血，阳盛者，用升麻葛根汤，加犀角、羚羊角；下部溢血，阴盛者，用当四逆汤，加黑姜、吴茱萸、葱白。

上为治溢血法。

上部郁血，症见"面皮光滑、浮肿，其色不纯，脉数有力者"，此属阳盛，用四逆散，加花蕊石、桃仁、牡丹皮、泽兰；便结者，用大柴胡，加当归、桃仁。上部郁血，脉缓沉迟者，此属阴盛，用桂枝汤，去大枣，加芍药、附子、黑姜、人参、三七、陈皮、十灰散。

中部郁血，症见"心下痞塞，唇焦色紫，脐中硬满"，如阳盛者，用三黄泻心汤，加桃仁、黑姜；郁久"脐中硬满"，用鳖甲煎丸。中部郁血，阴盛者，用术附汤，加当归、桃仁、黑姜、血余炭；虚甚用理中汤，加桂皮、附子、朱砂、十灰散。

下部郁血，阳盛者，用桃仁承气汤，甚则抵当汤丸、大黄䗪虫丸，加朱砂、附子、硫黄。

以上诸方，乃治郁血之候，如因误治，久成枯萎瘫废者，亦须酌加补法，随时令化裁之。

（四）治风宜忌

1. 中风昏迷时，不可惊呼动摇，因经脉既伤，最宜安静，如再动摇，是一损再损，促其命期也。

2. 忌用通关开窍取嚏，如再喷嚏，震动经脉（编者按：震动经脉，致使脉络破裂，出血加重），虽使暂苏，方旋又昏迷而死，不死亦成瘫枯。

3. 忌用巴豆等药，使其吐泻，吐则气血上涌于头，不但经脉再损，而络脉被逼，亦随之而损（编者：气行则血行，气上涌，则血液随之上涌，致使出血加速，促人速亡也）；下泻则胃津被伤，不死亦成瘫废（编者按：津液损伤，血液黏稠，致使血液不流而成瘀，瘀血不去，经脉失养，遂成瘫痪）。

4. 凡中风转苏后，医者认为中风，纯用发汗祛风之药表散之，如荆芥、薄荷等，或见其痰壅，纯用降痰镇痰、寒凉克伐之药，如礞石、石决明、硝石、牛黄、大黄等类，不知虚损之症，补之尚恐不及，攻之祸不旋踵。

5. 脑络破损，不可误作中风治。络破转苏后，有瘀血在脑时，其面皮必浮肿光滑，其色不纯，若认为风，用祛风之药，其郁血凝结，必成枯萎。上部溢血，或眼、耳、鼻、口、齿等部出血，若纯用寒涩之药，郁血愈结，壅塞经络，久必成萎；若中部郁血，见心下痞塞，脐中硬满，误作湿治，徒耗其津，郁血干结不去，后现唇焦掌热、潮热等象，又以为阴虚，而用滋补，久之腹内硬结，似瘤非瘤，时痛时止，四肢萎缩，而成癥瘕之症。

6. 忌见其昏迷抽其脊液等，盖经脉之伤，由脑液之不足，再伤其脊液，何异竭泽而渔，徒速其毙。

以上皆治中风之大忌，若不犯此，照方施治，逾期最迟不过百日，即可恢复，如已经误治，亦不过一年，即可恢复。

五、学术主张

（一）法无定论，医贵圆通

廖蕖阶学识渊博，学术造诣很高，尤其精通于中医内科，终其一生从未间断过对中医理论的学习与研究。他深研《黄帝内经》《难经》《金匮要略》《伤寒论》，重视历代名家之医学理论的学习和总结，博采众家之长，取其精华，以丰富自己的中医理论知识。廖蕖阶在自编的《王孟英、喻嘉言、生生子三家医案杂抄》的序中写道："夫规矩有定而病情无定，是学者神明变化不离规矩，不执规矩则善矣。"由此可见，廖蕖阶在学习各家学术、各家医案的同时，善于守定中医论治的纲领，敢于根据病情突破固定治法。廖先生亦云"医贵圆通，最嫌墨守"，体现了他灵活运用中医基础理论及治疗方法的特点。他说："盖凡诸症，不外虚、实、寒、热，随病论治，本无定法，不可死于方下，倘能灵活运用，则何患病多而方不足哉。"可见，廖蕖阶在临证治疗时，对病证因人、因时、因地而异，处方用药特别讲究精细，以求最佳疗效。

（二）自制验方，敢于创新

廖蕖阶在长期的医疗实践中，不断总结经验，探索创新，自制验方 40 余首，临床效果显著。因其医术精湛，故受治者多有药到病除之感。几十年间，慕名远道前来求治者不计其数。1963 年 5 月，成都铁路中心医院对廖老的业务技术鉴定资料中写到："曾治疗一些疑难重症，以治疗肝炎、高血压病成绩显著，国内各地常有来函反映效果好⋯⋯在中医界颇有威望。"1960 年前后，我国连续三年遭受自然灾害，人民的体质很差，肝病患者猛增，廖老全力投入到繁忙的诊务工作中，对肝病进行深入研究，自制验方数首，取得了很好的临床效果，并将其经验加以总结、交流、推广。并积极开展肝病的防治工作，取得显著成效，做出了重要贡献。

（三）先病后医，先证后方

廖蓂阶主张"先有病人，后有医生，先有医案，后有方剂""当医生就要对病人负责，治病救人。不然，要医何用""对病人粗心大意是行医之大忌，不异于谋财害命"。这些均充分体现了他以患者为本的医疗思想。他在诊治过程中，身体力行，率先垂范，问病史时仔细入微，切脉时全神贯注，开具处方时一丝不苟。他长期担任诊治疑难重症患者的任务，故而往往在歇诊后，茶饭不思，只能服参汤提神。他体贴病家疾苦，从不收取财礼，并对借行医以谋取私利的行为深恶痛绝，可见医德之高尚。

学术传承

川派中医药名家系列丛书

廖蓂阶

王伯岳

廖蓂阶师承成都名中医史松樵，学验俱丰，享誉蜀中，不仅在临床医疗方面颇有建树，还开设数届中医专修班、西医学习中医班，教育传人，培养部医及中西医结合人才200余人，蜀中名医王朴城让其子王伯岳拜入廖老门下，成为廖老唯一的传承人，廖老倾囊相授，悉心培养，后来王伯岳成为我国著名的中医儿科专家（载入《中国百年百名中医临床家丛书》）。

王伯岳（1912—1987），四川省中江县人，出生于三世中医世家。祖父王馄山八岁即孤，时处兵乱之年，念百姓缺医少药之苦，于是不辞艰辛，种药贩药，学医行医，立下以医药救人、不慕名利之大志，其治病，不收诊费，见贫苦者，即施医施药，一心相救，几十年如一日，遂闻名于蜀地。

其父王朴诚，遵从父教，早年于中药店中学徒，师满后回蓉，秉承庭训，仍以医药救人为己任，以儿科为精专，信守"医非营业，药以治病"之旨，待病人如亲人，视患儿如己子，被成都百姓誉为"王小儿"。

王伯岳自幼聪敏，过目成诵，六岁时即入私塾，攻习文史，奠定经史文哲等古文基础。后受家庭熏陶，立志学医，先于药店当徒学药，全面掌握中药识别、炮制和配制膏、丹、丸、散的方法，并接触很多成都名医之处方，遍读《本草备要》《药性赋》《汤头歌括》《医学三字经》等入门之著，还手抄《膏、丹、丸、散配方》等秘本。尽得廖老先生研究仲景学说及治疗温热病之经验。学医期间常上午随父侍诊，以得承家教，下午听廖老先生讲课，以求问解惑。

王伯岳1932年起在成都开所行医，中华人民共和国成立后，历任成都市卫生工作者协会秘书长，卫生部中医研究院西苑医院儿科副主任、主任、研究员，卫生部药典委员会委员，农工党中央委员，是第六届全国政协委员。

善治儿科疾病，对治疗流行性乙型脑炎、麻疹合并肺炎、肝炎、痢疾、哮喘、腹泻、癫痫等独特之处，疗效显著，有"小儿王"之称。

因为出身三代中医世家，又从小受到廖蓂阶先生的指点，故而王老非常重视对《内经》《难经》《伤寒论》等古典医著的研习。他常说，不学好《内经》，临床辨证就无"法"可依；不懂得仲景学说，临证施治就无"方"可循。

由他主编的《中医儿科学》，以中医理论为指导，以小儿生理病理为基础，以辨证论治为核心，突出中医儿科理、法、方、药的特点，是一部形式与内容统一，理论与实践结合，集古用今，非常实用的学术价值很高的大型中医儿科学临床全书。他撰写的《中医儿科临床浅解》，则是积几十年临床经验的总结，出版后深受儿科临床医生的欢迎。他还编撰过不少专著名篇，垂示后学。其中不少学术论文和讲稿曾先后在日本翻译出版。

王老提出小儿生理病理特点为"三有余，四不足"，认为小儿因其自身的特殊性，故不能单纯看作成人的缩影。小儿虽有五脏六腑，但与成人相比较，具有"成而未全，全而未壮"的特点。先生在继承古代医家对小儿生理病理特点论述的基础上，结合自己的实践体会，指出：小儿从总体来说生机蓬勃，发育迅速，表现出阳气旺盛之状，故属阳常有余；但就其物质基础精、血、津、液而言，又每易损耗，又有阴常不足的一面；就各脏分而论之，则有心、肝常有余，脾常不足，肺、肾常虚的特点。

在临证中王老强调小儿病机变化复杂，认为小儿患病多为外感六淫、内伤饮食、虫积为患，既少情志所伤，又无房室劳倦之害，然一旦发病，其病机变化却颇为复杂，"易虚易实""易寒易热"在小儿身上表现得尤为突出，很少为纯寒、纯热或纯虚、纯实，而是以"表里兼病""寒热夹杂""虚实互见"为特点。且各证双方又绝不会平分秋色，总是有偏胜的一面。临证治疗应掌握病机发展变化的趋势，因势利导，方能收到良好的效果。

对于小儿外感发热，王老认为，小儿外感发热总以热证、实证为多，并往往兼夹里热，或兼夹食滞，形成表里同病或表里不和。独使用解表药往往汗出热退，但汗后又复热，所以用解表药的同时必须佐以清里热药。如夹有食滞则应佐以消食、运脾之味。王老指出，在辨小儿外感时，要注意不可以发热的高低、久暂来区分寒热的属性，而是应辨别寒郁的轻重程度，从小儿的面色苍黄、畏寒无汗等方面去辨别。寒郁表闭越重，发热则越高，这时应不失时机地重用辛温表散，发汗达邪。如荆芥、防风、紫苏、羌活等药味，其中荆芥、防风是一对药，用于一般表寒郁闭；紫苏、羌活又是一对药，用于表寒郁闭较重，若更有甚者，则四药同用，兼喘者更可酌用麻、桂等味。

在小儿癫痫的论治中，王老亦有着独特的见解。王老认为，小儿癫痫属于中医儿科惊痫类，惊和痫是有区别的。惊是惊风，一般分为急惊风、慢惊风和慢脾气。急惊风发病急暴，多系外感热病所致，故抽搐常伴有发热，或其他外感热病证候，多无反复发作史；慢惊风及慢脾气则多为缓慢发病，不伴发热，而有明显虚实或其他慢性病证。痫是癫痫，发作无时，卒然昏仆，筋脉瘛，口中作声，后人因其声似，分马痫、牛痫、猪痫、羊痫、鸡痫五名，其候经时而必止。王老认为，小儿癫痫的发病原因，多由于突受惊恐刺激所致，属于情志性疾病。也即是现代医学所说的由于精神因素引起的一种神经系统的疾病。但其发病因素也不单纯是由于惊吓，诸如饮食不节，风邪所伤，先天遗传等原因都可引致或诱发癫痫的发生。故而王老强调小儿癫痫临证之时首先要辨清惊、痫之异同；其次应明确癫痫风、火、痰、食之成因。治疗癫痫应重视调理心、肝、脾、肾，至于选方用药，则习用千金龙胆汤、温胆肠、钩藤饮等方加减化裁。

王老论治小儿哮喘的学术思想颇有廖蓂阶先生之风，但因小儿脏器似成人而又尚未健全、强壮，故又有不同之处。王老认为，对哮喘这一急重证，必须从掌握病机传变规律入手，知常才能达变。王老认为小儿哮喘的主要成因，系由于肺、脾的经气不足，不耐外邪所致。哮喘为病，有虚实之分：根据临床所见，急性发作多为可寒可热，以热证为多，但无论寒热，多为实证；若肺脾气虚，反复发作，已成慢性者，多为寒证、虚证。因此，小儿哮喘之病的辨证，总由寒热虚实。临证时，尤须注意寒热的转化、虚实的互见。但总的一条规律是由表及里、由实而虚，因此在临床上每易见到寒热互见、表里相兼之证。在治法上，强调"已发则散邪，未发则补脾土"，常选用麻杏甘石汤、小青龙汤、益气定喘汤等方。

王老在小儿疾病的治疗中，尤为重视调理脾胃，他认为脾胃是一对具有升降、燥湿、纳化既矛盾又协调的脏腑。对脾来说，利（化）湿即和脾，升阳即健运；对胃来讲，清热即清胃，养阴即养胃。而小儿脾常不足，不完全是虚证，只是在生理上表现为功能尚未健全，而在病理上则表现为既有虚证，也有实证，或者虚实夹杂。因此，小儿脾胃的调理需要特别注意祛邪与扶正的关系，做到攻不伤正，补不碍滞，真正起到理脾助运的目的。在治疗中常用祛邪护脾、消导运脾、利水和脾、健运补脾等法。总之，王老在临证处方用药时，十分注意药味宜忌，重视药物搭配，时刻谨守攻补得宜、顾护正气、无损脾胃的原则。

川派中医药名家系列丛书

论著提要

廖蓂阶

一、新编杂病论（1958，未出版）

新编杂病论是廖老总结临床经验而编写的一部著作，本书重在介绍中医内科里比较常见的、多发的病证，涉及心脑血管、呼吸系统、消化系统、泌尿系统、内分泌系统、神经系统等病症及部分其他疾病的临床诊治。该书选择中风、高血压、心脏病、肺结核、支气管扩张、支气管哮喘、肝炎、肝硬化腹水、胃溃疡、阑尾炎、胆结石、肾炎、肾结石、糖尿病、神经衰弱、斑疹、癌瘤、关节炎、崩漏等病种，进行了较详细地论述，每个病症包括病因病机、辨证与疗法，病案举例，内容完整，尤其是其中的危急重症的治疗，体现了廖老精湛高超的医疗技术。对于读者较为深入地学习掌握相关疾病的诊治，学习廖老的临床经验，有较好的参考指导作用。

二、验方集锦（1961，未出版）

这本书是廖老为医院西学中班教学而编写的教材之一，著作的主要内容主要以内科病症为主，既有常见病、多发病，又有疑难杂症共51例，均来源于廖老自己的临床实践，真实可靠。

病例包括病史（部分包括发病情况，治疗经过）、目前的病情，廖老治疗的方法，包括病机分析、治法、方药处方，复诊的加减变化，治疗效果等方面，尤其对病机的分析、加减变化等进行了较详细的论述，使读者在读医案时能较深入地体会临床辨证思路，对药物的选择更加精当。对临床有较强的参考启发作用。对西学中学生转变西医的思维，用中医理论，辨证论治思路，来体会并掌握中医治疗方法有重要作用。

三、时病纲要（廖蓂阶撰，廖祥祯、刘亚峰、马洁整理，中国中医药出版社，2019年版。）

该书分上、下集，上集包括风淫病类、火淫病类、暑淫病类、湿淫病类、燥淫病类、寒淫病类，下集包括时行泄痢病类，时行泄痢病类、时行霍乱病类、时行肺病类、时行痉病类、时行疫白喉病类、时行瘟疫病类、时行疫候痧病类、时行疫麻疹病类。每个病类下包括概论、病因病机、临床症状、治疗方法、方药、方解、加减变化等方面，内容丰富，是廖老对时病的认识总结。

学术年谱

川派中医药名家系列丛书

廖蓂阶

- 1889年农历10月18日出生于四川省成都市。
- 1897年在成都上私塾十年，习读文史。清光绪年间，参加成都"新学"考试，名列第三。
- 1907年拜师于成都名中医史松樵门下，学习中医、中药，识别和习练炮制中药及配制膏、丹、丸、散等；习读中医典籍，并随师侍诊。
- 1918年辞别师门，在成都城中巷3号悬壶。
- 1929年11月成立四川医民总会华西医科学院经济董事会，为该会十人成员之一。
- 1931年兼任成都中医考试委员会委员。
- 1933年兼任成都防疫处治疗所主任。在家设馆办学，为生徒讲授古文及中医药典籍。
- 1935年与成都中医界人士余律笙等人共同创办"成都国医讲习所"，任副所长；与中医界人士文琢之等人创办《四川医药特刊》，任总编辑。
- 1943年夏季，成都地区暴发霍乱，参加中医防疫会组织的义诊，救治患者上千人。
- 1949年撰竣《时病纲要》10卷共6册。
- 1953年整编《分类生生子医案汇编》手稿3册，已遗失。
- 1954年开始长期在成都市卫生工作者协会举办的中医进修班、西医系统学习中医讲座授课。
- 1955年兼任成都市中华医学分会理事，任该会祖国医学系统学习教研组讲师、成都市卫生工作者协会中医研究委员会委员；整理《白云禅师中风论》。
- 1956年3月在成都西南铁路工程局基地医院工作（1958年10月更名为成都铁路局中心医院，现为成都大学附属医院），任一等二级中医师。同年参加了四川省中医代表大会。12月，当选为成都市第二届人民代表大会代表。
- 1957年9月受成都铁路局委托，在西南铁路工程局基地医院举办中医专修班，学制两年半，兼教务主任。
- 1958年主持西南铁路工程局基地医院的中医总结，写作治疗经验30余件，参加四川省卫生厅举办的"中西医合作治疗经验交流会"，所撰《杂病论》荣获卫生部授予的"继承发扬祖国医学遗产"奖状及银质奖章。12月，任成都铁路局中心医院副院长，兼成都铁路局卫生处技术鉴定委员会副主任、成都铁路局中心医院科学技术委员会副主任。同年5月，当选为成都市第三届人民代表大会代表。

- 1959年受铁道部委托，在成都铁路局中心医院相继举办三期西医学习中医班，培训学员180人。1960年4月在成都铁路局中心医院主讲"关于传染性肝炎的研究及治疗经验"，并载入该院《科学技术资料汇编》。同年被评为成都铁路局机关五好干部、先进工作者。
- 1961年10月被荣邀赴京参加国庆观礼，其间与门生——我国著名中医儿科专家王伯岳相聚，并将其自撰的"治疗经验"相赠，编著《验方集锦》1册。同年7月，当选为成都市第四届人民代表大会代表。
- 1962年编著《临床要诀》，已遗失。
- 1963年开始以1958年所撰《杂病论》为基础，加以充实完善，于1965年撰成《新编杂病论》手稿4册。
- 1964年任第五届成都市政协常委。
- 1964年6月"文化大革命"开始，被诬为"反动学术权威"，许多医籍和手稿、字画、藏品等损毁、散失，其中包括卫生部授予的奖状和银质奖章，以及所撰《叶案精华》手稿2卷。
- 1974年由成都铁路局中心医院党委落实政策，恢复名誉。
- 1975年1月因病辞世，享年86岁。

参考文献

[1] 张文康，王敬义.廖蓂阶—中国百年百名中医临床家丛书[M].北京：中国医药科技出版社，2004：139-145.

[2] 郭敏.略论中医对支气管扩张的认识[J].中医学报.2012.27（10）：1252-1253.

[3] 章先富.支气管扩张症迁延期中医治疗经验[J].浙江中西医结合杂志.2011.21(7)：473.

[4] 杨继兵，陆琴，鹿竞文.支气管扩张症中医临床诊治思路辨析[J].辽宁中医杂志 2012.39(1)：80-81.

[5] 陈灏珠，钟南山等.内科学（第八版）[M].北京：人民卫生出版社，2013.

[6] 王洪儒.中医治疗肺结核大咯血临床经验介绍[J].辽宁医学杂志.1958.1(1)：24-27.

[7] 汤学艳.中医药治疗耐药肺结核的研究进展[J].中国处方药.2016.14(4)：17-18.

[8] 衷敬柏.基于医家经验的高血压病中医病名、病因病机与证候研究[J].世界中西医结合杂志，2009，4(12)：843-846.

[9] 李荣球.急性阑尾炎病因之我见[J].中国全科医学，2008.11(4A)：623-624.

[10] 叶章群，邓耀良，董诚.尿路结石[M].北京：人民卫生出版社，2010：24-40.

[11] 李旭.中西医结合治疗慢性肾炎的心得体会[J].中华实用中西医杂志，2004，17(22)：3398.

[12] 崔瑛.中西医治疗糖尿病的发展进程[J].中国医药指南，2012，32(10)：444-445.

[13] 任利，张红瑞，蔡永敏. 基于十年中风临床文献回顾谈中医诊疗及术语亟待规范化[J]. 中华中医药杂志，2007，22(9)：588-590.

[14] 李佩文.实用中西医结合肿瘤内科学[M]. 北京：中国中医药出版社，2007.

[15] 陈万青，张思维，曾红梅等. 中国2010年恶性肿瘤发病与死亡[J]. 中国肿瘤，2014，23(01)：1-10. [2017-08-09].

[16] 张玉珍主编.普通高等教育"十五"国家级规划教材•中医妇科学，北京：中国中医药出版社，2002.

[17] 王东梅. 崩漏文献及方药证治规律研究[D]. 山东中医药大学，2006.

[18] 中医药学名词审定委员会.中医药学名词[M]. 北京：科学出版社，2005，248.

[19] 刘婉婷. 古代治疗癫狂证的文献整理研究[D]. 中国中医科学院，2008.

[20] 徐天朝. 癫狂病因病机及证治规律研究[D]. 北京中医药大学，2008.

[21] 梁振科. 痹证中医证治规律研究[D]. 南京中医药大学，2012.

[22] 刘尚辉，娄岩，邓妍，刘壮，关鹏，郭海强. 我国大陆地区各省不同类型病毒性肝炎报告发病率的系统聚类分析[J]. 实用预防医学，2014，21(06)：641-644.

[23] 孙玉鹤，张春凤. 胃溃疡研究进展[J]. 亚太传统医药，2014，10(11)：46-49.

[24] 夏莉，祝峻峰. 肝硬化腹水的中医药诊治进展[J]. 重庆医学，2013，42(32)：3961-3963+3969.

[25] 金银鹏，傅青春. 肝硬化腹水诊治进展—2012版肝硬化腹水诊疗指南介绍[J]. 肝脏，2013，18(09)：638-640.

[26] 刘静凌. 胃炎胃溃疡的发病与中医脾胃的关系[J]. 中国民族民间医药，2012，21(15)：22+24.

[27] 阎小燕. 黄疸中医证治沿革史[D]. 山东中医药大学，2006.

[28] 吴洁. 仲景治疗湿热黄疸心法探析[J]. 南京中医药大学学报，2003，(05)：264-266.